梦的十种性格解析

什么样的人做什么样的梦

王荣义 ●著　　杨惠君 ●采访撰文

湖南文艺出版社
HUNAN LITERATURE AND ART PUBLISHING HOUSE

博集天卷
CS-BOOKY

图书在版编目（CIP）数据

梦的十种性格解析 / 王荣义著；杨惠君采访撰文．
—长沙：湖南文艺出版社，2015.1
ISBN 978-7-5404-7023-4

Ⅰ．①梦… Ⅱ．①王… ②杨… Ⅲ．①梦－精神分析
Ⅳ．① B845.1

中国版本图书馆 CIP 数据核字（2014）第 269381 号

上架建议：心理学◎时尚读物

梦的十种性格解析

作　　者：王荣义
采访撰文：杨惠君
出 版 人：刘清华
责任编辑：薛　健　刘诗哲
监　　制：蔡明菲　潘　良
策划编辑：李彩萍
装帧设计：张丽娜
版权支持：文赛峰
插　　画：罗茗铭（小Ｐ）
出版发行：湖南文艺出版社
　　　　　（长沙市雨花区东二环一段 508 号 邮编：410014）
网　　址：www.hnwy.net
印　　刷：北京缤索印刷有限公司
经　　销：新华书店
开　　本：880mm×1230mm 1/32
字　　数：160 千字
印　　张：7.5
版　　次：2015 年 1 月第 1 版
印　　次：2015 年 1 月第 1 次印刷
书　　号：ISBN 978-7-5404-7023-4
定　　价：34.80 元

（若有质量问题，请致电质量监督电话：010-84409925）

解梦协谈，缤纷心灵世界的 25 年

"老师，我有一个梦，好奇怪啊！它完全不合逻辑！"

25 年前，我从事大专辅导工作培训时意外接触到梦的解析，之后便常有人向我倾诉他们无法理解的梦境。经过四分之一个世纪，我从事的临床心理协谈工作就像是巨大的"捕梦网"，落在网袋里的梦境不计其数、稀奇古怪，通过这些梦境，让我坠入一个巨大而又缤纷庞杂的人类心灵世界中。

为了能让"解梦"有更完整、更科学的理论依据，16 年前，我到美国波士顿学院研修教育硕士课程并接触到了发展心理学，让我对每个发展阶段的特殊需求与心理状态有了更进一步的了解。与此同时，我也发现，在心理学的研究和文献中已经确认梦会随年龄的增长而改变形态，而性格也会影响做梦的情节与形式。

两年后，我进入马偕医院从事心理咨询的工作，进而担任协谈中心的主任一职，陪伴许多不同年龄层心灵受创的人面对、了解及照顾自己。在这期间，我接触到比之前更多更复杂的梦境。

👑 发掘梦，听懂真实的内在自我

心理协谈工作的意义在于陪伴心灵受伤的人，不同心理学派的培训都有助于我在协谈工作上更深入地了解别人，协助他们发掘及面对内在真实的自我，在过程中从渐渐了解、接纳进而疼惜自己。而"梦"是其中一个让我能够穿透协谈者的自我防卫机制快速听懂他们真实内在的工具。

从多年的协谈经验中，我发现诚实面对自己是人们普遍感到最困难的功课，因为人们习惯为自己设定一个"理想状态的自己"并努力朝向理想而前进，但内心真实的自己由于经常得不到自己以及别人的了解，便被打入潜意识的地牢里。梦就像X光或核磁共振一样，可以将人的内在自我完整地呈现，其中的困惑、矛盾、冲突也都无所遁形。

经由自己在协谈工作中的不断练习、归纳与修正，我发现梦如同一种"语言"，像英文、法文、中文有不同的语法结构与文字一样，梦也有自己独特的逻辑和语法结构。一旦学会了梦的语法，就能随着做梦者的梦境进入他的内心世界，体会做梦者当时的心情：是春风得意、轻松自在、喜乐满足，还是担心失落、矛盾冲突、举步维艰。只有学会了做梦者的语言逻辑，作为心理协谈者的我才能够真正深入了解做梦者心底的渴求。

在许多正式或非正式的场合中，我通过梦境的解析帮助过许多人了解并正视自己的内心世界，甚至让这些困惑的人学习如何经由记录和观察自己的梦境，而逐渐学会照顾自己的心灵。

梦会传递丰富的信息，只要我们用心体会。本书是我从二十多年来的理论研究和临床协谈中，依据接触到的国人的梦境资料，整理出的最接近本土样态的梦的解析原则，希望以浅显易懂的解梦原则与范例，让希望通过解梦能更认识自己的读者或者有志从事解梦工作的专业人员受益。本书作为一个入门的索引，希望感兴趣的朋友通过反复的练习，渐渐与梦为友并穿梭在丰富多元的梦境当中，用心去体会梦境要传达给自己的丰富信息与含义。

第一章简略地介绍了有关梦的一些科学观察及理论，从脑神经学的观点解释了做梦的现象与规则，再从心理学的角度探讨做梦的目的与含义。

第二章介绍了梦的独特语言——象征。象征语言虽然没有一定的标准答案，但只要紧紧把握做梦者对象征的了解，再把象征放回到梦境中，我们就能很快听懂做梦者梦境的含义。根据我多年的观察与探究，梦的象征具有个人化与通俗性（即集体性）。无论是个人化还是通俗性的象征，解梦时一定要一再地与做梦者讨论和确认。

第三章带领读者探讨梦如何随着人的成长发展出对应的形态。随着年龄的增长，梦境会从幼儿期单纯只在乎外在世界的梦境开始，慢慢发展到在乎自己外在形象如何呈现；青春期之后，人的内在角色越来越多元且趋于复杂，梦境也会随之发展出丰富且变化多端的情节。我举了各种不同的梦境例子，以帮助读者了解不同年龄的人会出现怎样不同形态的梦。

第四章将我过去接触过的个案做归纳，整理出十种不同形态的梦境与做梦者性格特质的关系。当然，人的性格复杂且多元，文中所归纳的范畴虽然无法涵盖所有的性格特质，也不能作为性格特质的唯一判断。但是在整理与了解自己的梦境时，本章可以作为了解自己特质的一个最基本的参考。

第五章则教读者如何通过梦的日记及范例，记录自己的梦境，学习认知梦境来照顾自己，并借由仔细观察梦的变化，及早掌握和面对自己现实生活中出现的变化和新的挑战。

最后一章记录了我在半年多的时间里陪伴一位当事人进行协谈和解梦的过程。通过她的十个梦境，可以让读者比较完整地体验解梦者如何从梦的分析帮助一个人成长；人又该如何通过了解自己的梦，让心灵茁壮成长；以及成长中的人该如何形成新的梦。

最后，我要感谢二十多年前将我引进梦这个奇妙世界的郭青青女士，虽然只有一天半的学习，但是让我与梦结下了不解之缘。我也要感谢无数信任我、不吝与我分享梦境的人。我的同事和协谈中心的历届实习生们常会热心提供他们的梦与我讨论，因为他们的分享，让我有机会接触各式各样奇特的梦境，通过解梦进而了解他们神圣、隐密的内在世界。

此外，我的家人更是我早期练习解梦的对象，这些对我的解梦经验累积都有很大的帮助。我特别要谢谢我的伴侣美俐，她的支持与鼓励是我将自己的经验整理出书的一大动力。

👑 惜梦解梦，人生更自在

梦是人类普遍的经验，人类起源的时间有多久，梦就做了有多长。我们不知道七千万年前人们梦里的秘密，但可以确定的是，他们和今天的我们一样，白天夜里在现实和梦境之间辗转挣扎，想要解开梦境的启示。

梦中，会出现在现实世界里不可能发生的事，像穿梭在不同的时空之间，违反地心引力的跳跃或飞翔，已经过世的亲人又现身，被鬼怪神兽追逐等。尽管做梦时的感觉仿佛现实生活中所发生的一样真切，却只有在梦醒之后回想时才会发现，那不过是一场梦。

👑 梦的演进

早年原始民族常把梦视为神谕，深信梦与神秘的超自然有密切的联结，认定是来自所信仰的鬼神发出的启示。如过去非洲的加纳人（Ghanaian），只要梦见与别人的妻子发生性行为，就会以"通奸罪"之名被罚款；俄罗斯堪察加半岛（Kamchatka）的原住民，如果告诉对方 "我昨天梦见拥有了你的土地"，那么对方就要拱手把土地让给做梦的人。两千年前的印度人，则把梦看作"肉体内在障碍的表现"，如梦到由高处坠落或被动物吞噬，即可能暗示疾病的发生。[1]

史料上还曾记载，公元前 2500 年，美索不达米亚的葛迪亚王梦到"像天一样高"的神人，这位神人要求葛迪亚王为他建造神殿，甚至说明了建筑的设计。葛迪亚王醒来后，真的为梦中的神人建造了神殿。

古希腊的哲学家亚里士多德（Aristotle）在其著作《论梦》（*On Dreams*）中才开始指出梦可能是心理上的问题，"是一种由于精力过剩而来的产物"。自此，人们对梦的诠释才不再局限于神谕和宗教的范畴。

但一直要到 1900 年，精神分析学的鼻祖弗洛伊德在其著作《梦的解析》中，提出了梦是"愿望的达成"，借着做梦者的联想以及解梦者对"象征"的解释，可以推衍出做梦者各类潜意识的状态和心底的欲求，这才正式将解梦导入心理解析的层次。这本人类首部以心理分析的技巧来诠释梦的巨作，成为以科学的方法研究梦境的敲门砖，曾被喻为"改变历史的书"，也终于击破了人类千万年来对梦的迷信、无知以及赋予它的神秘感。

不过，历经时间的验证，弗洛伊德立下的高碑又由他的学生荣格所颠覆。荣格认为，梦是对清醒时自我有所局限的视野做出的补偿，是自然的、具调节性的心灵历程，类似于身体上的互补机制。他没有遵循老师的路径，反而将梦的"象征"符号的诠释令牌交由做梦者、而非解梦者去定义，通过解梦者的分析，让被分析者体验到客体心灵推动个体化历程的一些关键性运作，学习到积极想象的技巧，并运用这个技巧在清醒的时刻也能随意地去探触心灵的深层部分[2]。这样的观点和方法，迄今为止仍是解梦心

---

① 见弗洛伊德的《梦的解析》。
② 见霍尔博士（James A. Hall, M.D.）的《荣格解梦书：梦的理论与解析》（*Jungian Dream Interpretation: A Handbook of Theory and Practice*）。

理分析的主流。

　　人类做了数千万年的梦，也解了数千万年的梦，却一直到了近一百年来，才真正以科学的角度掀开梦的神秘面纱，确认无论梦里的情节多么惊世骇俗，景象如何似曾相识，人物是陌生还是熟悉，它都不是神谕、不是预言，也并非影响宇宙运行的超自然现象。它其实就是一种"加了密"的语言，述说着不为自己所察觉的另一面，甚或是残缺了那一块的自己。

♔ 神经学的研究

　　近半个世纪以来，脑科学家更以神经生理学来研究证实"梦"的存在。1953 年，阿瑟林斯基和克莱特曼发现了快速眼动期（Rapid Eye Movement，简称 REM），同时伴随的发现是：在该睡眠期中被唤醒的人，都能清楚详述其梦境。当发现梦是固定出现在睡眠中的某些特定时段时，给对做梦研究有兴趣的人士带来了极大的振奋。

　　一般人的睡眠从浅睡期到深睡期再回到浅睡期，大概维持九十分钟一个周期，而快速眼动期发生在周期快结束的五到十分钟。在实验室中，当受试者在快速眼动期被唤醒时，大多对梦的印象十分鲜明。

　　根据研究，一个晚上，梦里的角色是会发展、变化的。通常从第一个做梦期醒来的报告都很短，内容与当下有关，多数缺乏主题或主要的人物。越到后面快速眼动期的睡眠报告，细节及情节越丰富。[1]

　　但脑神经学家对于"人为什么要做梦"的关注角度和精神学家及心理学家迥然不同。DNA 双螺旋结构的发现者之一为英国的科学家克里克

---

[1] 见拉维（Peretz Lavie）的《睡眠的迷人世界》（*The Enchanted World of Sleep*）。

（Francis Crick），他于 1962 年与另两位科学家沃森和威尔金斯同获诺贝尔奖，并且曾在《自然》（*Nature*）杂志中提出"我们做梦是为了遗忘"的主张。

克里克认为，睡眠进入快速眼动期时，肾上腺素的活动逐渐减弱，大脑无数的神经元就白天所接收到的各式各样的信息，进行整理、组织与归档，形成记忆，避免大脑因信息过度累积而造成思绪的混乱。因此，为了将短期记忆分别归档，便会摒弃无用的信息。[①]

脑神经学的研究往往只能将梦简化成化学系统的精心杰作[②]。在夜间睡觉时，人们借着梦将存放在脑中的情绪记忆再次揭露出来。从更精细的核磁共振研究中，科学家发现，做梦时脑部的情绪感受和视觉感受是被活化的，但因为缺少血清素与肾上腺素分泌的配合，梦中所下的指令不会被传达与实现。

虽然关于睡眠和做梦这类神经学上的研究很多，但受试者都是在研究室中被观察，多少会有压力或兴奋的因素存在，因此研究结果多少会受到影响。甚至研究者的研究动机与对人存在的主观认定，也会影响观察结果的解读。

解梦的功能

从心理学角度的观察与研究，梦的内涵要显得丰富有趣多了。在人的

[①] 见罗友伦、陈盈盈的《揭开睡眠的真相》。
[②] 见霍布森（J. Allan Hobson）的《梦的新解析：承继弗洛伊德的未竟之业》（*Dreaming: An Introduction to the Science of Sleep*）。

意识层面，每天都会有自我觉察与判断的活动，但许多不被当事人接纳或承认的部分会潜入人的潜意识中，这些心灵深层的活动可以在做梦时清楚地被感受到，因此梦不断地运作就是在补偿并补足醒着时对现实看法的不足之处。

荣格认为，梦的补偿功能有以下三个方面：

①梦可以补偿自我的暂时性扭曲，让人对自己的态度与行为举止有更全面的理解；

②梦作为心灵呈现自身的方式，映照出运作中的自我结构需要更快地调整步伐以跟上个体化的历程；

③梦是直接改变情结结构的一种努力，而情结结构是原型层次的自我在意识上所赖以认同的。[①]

在荣格学派的理论中，解梦的过程能把意识上的部分注意力导向个体化历程已启动的方向，尽管这一切都在潜意识中进行。明确的意志和潜意识动力彼此合作，顺利的话将加速推动个体化的历程，其速度比梦在没被解析的情况下要快上很多。因此，做梦、解梦对于人格的修正和心灵上的平静、满足都是极为有意义的。

改变人生做好梦

直到今天，对多数人而言，梦仍是迷雾般的经验。试问，是否曾经有

---

① 见霍尔博士（James A. Hall, M.D.）的《荣格解梦书：梦的理论与解析》（*Jungian Dream Interpretation: A Handbook of Theory and Practice*）。

从噩梦中惊醒，久久不能抹去心中恐怖阴影的经历？或者有时沉醉在甜蜜的美梦中，期待自己永远不要醒过来，只恨那该死的闹钟打破了美好的愿望。抑或曾经做过一些不合现实逻辑、时空错置、剧情错综复杂的怪梦，至今回想起来依然令人百思不解。还有些噩梦不断重复出现，甚至严重到影响了睡眠质量。

"梦境与现实是互相颠倒的""梦到有人死了是要发财了""梦到棺材就是要升官了"……这些似是而非的解梦仍在口耳相传，求神问卜、算命看风水的"文盲式解梦法"的热度仍不减。

更甚者，还有人主张"改梦"，经由"练习"和"修炼"来操控梦的发展，避免惊骇的噩梦入侵，以求永远都能保有"美梦"。全球热卖的好莱坞科幻电影《盗梦空间》（Inception）就描述了进入梦境修正人生，甚至透过"植梦"潜入他人的潜意识，从梦里改变现实结局的想象。虽然自《梦的解析》提出解梦的科学理论已经有一百多年的历史，但迄今为止还没能为普罗大众所用。

本书便是通过科学的观察及理论，试着把梦的独特语言——"象征"以更直接更具体的方式"翻译"出来。虽然这些象征语言没有一定的标准答案，但只要紧紧把握对象征的了解，再把象征放回到梦境中，就能逐渐了解梦境的含义。介绍不同的象征时，会拿一些实际的例子佐证说明，但书中所有出现的人名均是化名。

与此同时，还会逐一剖析梦的形态与人的发展。因为梦的形态会随着年龄的增长而趋向复杂化与内心化，不同年龄的人梦的形态也大不相同，此外也会探讨不同形态的梦与做梦者性格之间的关系。接下来，本书一个重要的目的是要引导大家都能学习如何记录梦境，了解并照顾自己的梦，从而实现理想的人生。最后，在取得一名当事人的同意下，我将带领读者一同体验她所记录的梦，并学习解梦的方法，从而逐步解开性格和心底累积的成长经历中的纠结，获得修炼和提升。

人生毕竟不仅仅是一场梦，硬是把噩梦"矫正"成美梦并非打造美丽人生的速成法，就像戴着太阳眼镜看世界会让眼里的世界变得柔美，但真实的世界并没有因此改变。我们应该珍惜每一个梦，无论甜美的还是惊悚的，学习解读梦里的语言，通过解开信息的过程让自己去接受试炼，形成一种更平静和笃定的人生样貌，如此自然能安心做美梦。这便是本书出版的目的所在。

梦 的 十 种
性 格 解 析

第一章　我为什么这么爱做梦？

——梦的数据库

第二章　梦见一只七彩狐狸

——梦的语言，象征的手法

第三章 **从梦见卡通怪兽到爸爸身上插把刀**
——梦的成长史

梦的演进 /086

幼儿时期到小学低年级的梦 /087

第四章 ## 什么人做什么样的梦
——梦的十大性格

梦 的 十 种

性 格 解 析

我为什么这么爱做梦？
—— 梦的数据库

入睡后，理智和身体休息了，但潜意识里的自省、反思甚或满足、回味，不曾中断，在梦中偷偷加映。梦就好比一部隐藏版的个人成长和心灵轨迹的纪录片，由做梦的人自编、自导、自演，还亲自上了锁、加了密，深埋一个白天"不愿面对的真相"，那正是解答自己人生课题和心底困惑的宝藏。

👑 你知道吗？人类平均每晚做梦两小时

　　一个大脑功能正常的人，睡眠周期会有规律地经历浅睡期、深睡期和快速眼动期。每个睡眠周期的长度约为一个半小时，如果以一般人六到八小时的睡眠时间估算，一个晚上会经历四到六个睡眠周期。其中，每个周期最后阶段的快速眼动期，就是做梦的时间，平均一夜可以做上一到两小时的梦。

　　人的脑电波清楚地显示，在深睡期，脑电波变化十分一致且规律，身体肌肉也都呈放松状态；进入快速眼动期后，脑电波开始活跃，眼球会左右转动，代表大脑开始借由做梦来"整理脑中的资料"。但是，每个快速眼动期不见得只会做一个梦，所以人好比"梦的制造机"，一生做的梦多到难以估算。

　　每个睡眠周期的长度虽然差不多，但浅睡、深睡和快速眼动期各阶段的占比不同。入睡时间越久，越到后面的睡眠周期中，快速眼动期的占比越大。所以，越接近醒来的时间，人做的梦就越多。这是因为之前深睡期让身体和大脑休息够了，脑部开始有精力整理潜意识里的各种信息。

　　睡眠初期，每个梦的平均长度约为五分钟，然后增加到十分钟，随着入眠时间增长，梦的长度会一直累增。一旦超过八小时，有可能最后一两个小时全都在做梦。这也是为什么有时候会觉得"睡得越久却越累"，因为在超时的睡眠里，多数时间大脑仍一直在运转，睡了也等于没睡。

　　研究发现，人刚入睡不久的做梦期，大脑都在整理生活中较近时期的资料，因此梦境多半与最近出现的人和事物有关。随着睡眠的时间增长，大脑开始整理时间更久远的档案，一些早年记忆和内心深处的情绪与纠结就会在梦境中出现。[①]

---

① 见罗友伦、陈盈盈的《揭开睡眠的真相》。

入睡时间越久，
梦的长度越会一直累加。

人好比"梦的制造机"。

一旦超过八小时，
可能最后两个小时都在做梦。

一生做的梦多到难以估算。

$$\int_0^1 \frac{1}{x^x}\,dx = \sum_{n=1}^{\infty} \frac{1}{n^n} = 1.291285997\cdots$$

结果，
就会觉得睡得
越久却越累。

睡得好辛苦！

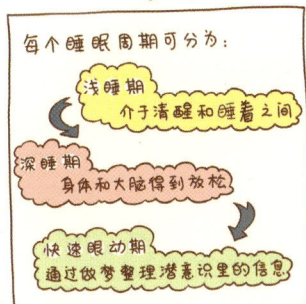

每个睡眠周期可分为：

浅睡期
介于清醒和睡着之间

深睡期
身体和大脑得到放松

快速眼动期
通过做梦整理潜意识里的信息

我为什么这么爱做梦？
—— 梦的数据库

👑 梦有黑白，也有彩色

大脑里存放着一个巨大的数据库，这便是梦的来源。这个梦的数据库相当于白天一切经历的"影子"，存放着从小到大日常生活中所有的点点滴滴，包括接触到的所有形态的信息，如每天见到的、摸到的、听到的、感受到的信息，甚至在电视、电影、杂志上的所见所闻，都会被"录"起来。这些经历和感受即便在意识的记忆中遗落了，也还会深深烙印在潜意识的记忆里，成为梦的素材。特别是在成长环境或生活经验中，有格外强烈感受的人或事物，更是重点要扫描存盘的资料。

梦有时还会反映出时代的背景。我小时候就曾梦到苹果被哥哥抢走。在那个年代，一个苹果要五十台币，几乎是当时上班族半个月的薪水。所以，在这个梦中，苹果自然就是"珍贵事物"的象征。现在的孩子衣食无忧，会用 3C 产品（包括电脑、手机、电视、数码影音产品及其相关产业产品）取代食物，当成最宝贵的东西的符号。

许多人常好奇，梦究竟是黑白还是彩色的。坊间甚至流传着"黑白的梦不会发生，彩色的梦才会成真"的说法。其实，梦有黑白，也有彩色，差别只在于成长环境中是否接触到电视、电影等有色彩的信息。也就是生活在黑白电视、电影时代的人，存放在大脑数据库中的影像就是黑白的，被取用成梦的素材后，自然也是原汁原味的黑白色。反之，出生于彩色视听时代的人，接触到的信息是彩色的，做的梦当然也是彩色的。

心理学者墨森（Eva Murzyn）于 2008 年公布了一项研究成果，即电视会影响人梦境的颜色。因为 1915 至 1960 年之间的研究结果指出，大多数人的梦境是黑白的，而 1960 年之后的研究却显示有 83% 的人梦境是彩色的，分析得出可能与彩色电视机于 1954 年问世有关。

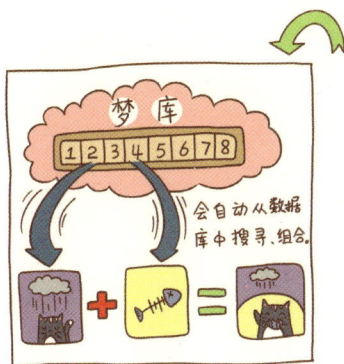

会自动从数据库中搜寻、组合。

每个人都有一个巨大的梦的数据库。

有心理学家认为电视会影响人梦境的颜色。

这些梦的数据相当于白天一切经历的影子。

黑白电视电影时代的人 → 黑白梦

彩色视听时代的人 → 彩色梦

我是生活在彩色视听时代的黑白猫！

人脑比计算机还精准，要编织自己的梦境时，

我为什么这么爱做梦？
—— 梦的数据库

梦取材于生活体验。成长背景跨越多个年代的长者，大脑里的档案也会跨越很多年代，梦的数据库会很丰富，表达的范围也更广。小孩儿爱看动画片和漫画，梦境里许多影像都取材于此；人生阅历逐渐丰富的成人，梦境当然常常来自于现实生活，因为人都会用自己熟悉的影像和素材去编织自己的梦。

梦的数据库不但储存着各种影像里的所见所闻，做过的梦还会自行"繁衍"，重新组合、扩充，因此梦的数据库的内容在成倍数地增加。人脑比计算机还精准，编造自己的梦境时，会自动从数据库中进行搜寻、组合，只要比对到"合用"的素材，梦就会撷取使用。

神奇的大脑还同时存放了现实生活中经历的事件与感觉的记忆。然而，情绪和理智、事件与感觉储存的位置不同。睡着时，人的理智和意识的开关被关掉，可是潜意识里的某些东西关不掉，所以有些情绪会渗入梦中，在做梦的时候涌现。一些平常十分冷静理智的人，做梦时也会哭，也会笑，也会有挣扎，这就是因为在潜意识里深藏的某部分记忆，借由做梦而重生的缘故。

👑 为什么做过的梦老是记不起来？

健康的常人都会做梦，但有人总信誓旦旦地说："我每天一觉到天明，无忧无梦。"也有人老苦着脸抱怨："我总是整晚都在做梦，根本没有睡觉。"其实，梦得多、梦得少不一定有很大的个体差异，但每个人对梦的记忆能力确实大不相同。这与梦的形态、对梦的了解、个人人格特质以及对自己生命的在乎程度，都息息相关。

大多数的梦，醒来就会忘记，特别是睡眠初期的梦，多半都是片段式的，没有一致性的主题，而内容破碎、混乱或跳跃式的梦，都不容易被记住。在睡眠后期，因为做梦期长，梦的情境也越深入和完整，甚至有时两个睡眠周期会做"上、下集"如同连续剧的梦，因为处理的信息比较有深度和意义，起床后就比较容易记住。

醒来时能够记住的梦，通常强度和一致性都很充足，甚至经常重复出现类似的梦，譬如大多数人都曾做过"被追"的梦。为什么大家对这类梦的记忆特别深刻？因为这样的主题经常出现，尽管梦境会有些变化，如被狗追变成被鬼追，但是情境相似且反复出现，所以就记得特别清楚。

因为梦的感觉是储存在大脑的短期记忆，稍纵即逝，但完成的梦会存放在大脑深层处，再次遇到同样的情节或类似的状况又出现时，就会唤起之前的记忆。因此，那些梦不是真的被遗忘，只是一时没想起而已。

老是记不起自己做过梦的人，可能总是在"错误的时间"醒过来。如果在深睡期就被唤醒，根本还没有进入快速眼动期，因而来不及做梦。许多生活紧张、每天要定闹钟把自己叫醒的上班族或学生，正预备做梦时就被吵醒，因为与上一个睡眠周期的梦相隔太远，而且通常一个半小时以前做的梦，醒来就可能会遗忘，所以才会觉得自己没做梦。

很多人误以为"没有做梦就代表睡得很好"，事实上，每天都来不及进入快速眼动期，在深睡期就被吵醒，代表睡眠周期还没有完成。在这种状态下起床往往无法立即适应外界的环境，人会迷迷糊糊、意识不清楚，要过好几分钟才能真正苏醒过来，其实这正是睡眠质量不佳的信号。

靠安眠药帮助入睡的人，也会因为药物抑制脑中某部分的作用，使得睡眠周期被打断，梦的结构性不完整，所以也容易"没有梦"。

我为什么这么爱做梦？
—— 梦的数据库

此外，人格特质也会影响对梦的记忆能力。个性太过大大咧咧，事情不会往心里搁的人，开心的事一笑而过，难过的事哭一下也就忘了，什么事都不觉得特别重要，也记不住。这种类型的人只旁观外界的变化，不在乎自己内在心灵的活动和状态，对于梦中出现的信息都归结为"日有所思，夜有所梦"，不会去深思可能的含义，梦做了就船过水无痕，不去想它自然不会记住。

相对地，联想力强，对事物的思考十分专注、深入且具象的人，也会将思考的内容具体呈现在梦境中，让梦境主轴清晰。内省性越高的人，梦的内容就越精彩；而图像式思考的人，梦的影像也会特别丰富。这些类型的人都因为梦的主轴清晰、印象深刻，比较容易把做过的梦记住，才会误以为自己比较多梦。

对梦的记忆力太强或太弱，都反映了性格上的某些偏颇。完全记不得有梦的人，可能花太多精力关注外界，回家就倒头大睡，没有时间去关照自己的内在；把每一个梦都深入钻研，又太钻牛角尖，连可以忽略的琐事都无限延伸太多枝节，以至让自己精疲力竭。

所以对梦的记忆能力，也可视为检视自己身心状态是否平衡的标准。比较理想的状况是，每天都能略为意识到自己做过梦，尽管多数的梦并不鲜明，但偶尔仍会出现较为强烈、印象深刻的梦，就代表在梦里关照过自己的内在；但如果长时间都完全没有意识到自己做过梦，也记不起任何一个梦，就代表没有时间沉淀自己的心灵，太疏于照顾自己，同时更要小心睡眠障碍的疾病是否已经悄悄上身。

人格特质也会影响对梦的记忆能力。
关注自我内在的人，梦境相对清晰。

大多数的梦，醒来就会忘记。

鱼儿在哪儿？

其实，对梦的记忆力太强或太弱，
都反映出了性格上的某些偏颇。

喵
喵
喵

支离破碎或跳跃式的梦
不容易被记住，深入且完整的梦
醒来后还有印象。

梦
梦
梦

比较理想的状况是，每天都能略为意识
到自己做过梦，多数梦并不鲜明，偶尔
会出现较为强烈、印象深刻的梦。

LOVE

记不起自己做过梦的人，
可能总是在"错误的时间"醒过来。

叮铃

我为什么这么爱做梦？
—— 梦的数据库

👑 似曾相识的梦

虽然大多数的梦醒来就忘，但它们只是在意识层面被遗忘了，不代表消失不见。它们会一直蛰伏在大脑的最深层处，静静等待最合适的时机被发现，一旦和现实中类似的情境、感受"比对成功"，便可能穿越数十载的时空，从数千万计的数据中出土或重新上演。

一旦在意识层面里比对到曾经梦过的事物或感受，就会记起那些被遗忘的梦境，这种现实和梦境交错的情境会混淆人们的认知，恍然觉得初次见面的陌生人、首次造访的地方竟然似曾相识或曾经去过，仿佛梦境曾经预演过。

因为梦的素材会被重复使用，甚至交替运用，对于这些反复或交替运用过的素材，即使梦醒时会忘记，但只要梦过，大脑便会记住，会在梦的数据库中搜寻曾有过类似印象和感受的梦境。即使梦中和现实中遇见的景物或人物不尽相同，但因为给你的感受是一致的，便会产生似曾相识的错觉。

譬如，白天去了风景秀丽的日月潭旅游，那里的湖光山色给你留下了舒畅的感受。晚上做梦时，不一定会直接梦到日月潭，有可能是另一个美丽的湖，那个湖给予你的感受与日月潭美景如出一辙。多年后，若你造访欧洲时见到类似的湖畔场景，马上就会勾起曾在梦里见到那个湖时惊艳和舒畅的感受，进而涌现出"我曾经在梦中来过这里"的感觉。

又或者，和一群人聊得很愉快时，突然间会觉得好像梦过这个场景；见到一个陌生人，也会顿时发现，似乎在梦里见过他。这是因为在几百万、几千万个梦境中，曾营造过类似情境的梦或塑造过一个特征类似的人。在现实生活中没有相符感受时，不会有感觉，一旦比对成功，马上会联想起曾经做过的梦。这就好比见到某个人觉得很面善，然后发现原来他和自己认识的人长得很像的感受一样。

有时还会发生这样的情况。在现实生活中与某人交谈时，某句话脱口而出后，便会惊觉："啊！我在梦里曾说过这句话。"这极有可能真的重演了梦里的对白。我们会在梦境里对着某人反复演练一段对话，其实目的是要和自己对话，只是将对方的形象投射在自己身上，梦境便取用了对方的形象，结果说过太多回，遇见真实的那个人时，自然而然又"演"了一次给对方看。

对于这类梦境，应该要探究的是，对方在自己心中的形象是什么，取用那个人的形象对自己的意义又是什么以及对话的内涵，而不必去追究这种似曾相识的梦有多玄妙。

梦境 →

现实 →

Bingo!

梦境不曾被遗忘。当梦境与现实比对成功，就会有似曾相识之感。

我为什么这么爱做梦？
—— 梦的数据库

👑 梦是心灵的指纹

有心理学家曾说："我们已经证实，只要有某人的 75 ～ 100 个梦，就可以描绘出一幅关于此人心理状态的优良画像。"如果能搜集到一个人几十年来的一千个梦境，那么对那个人的心理侧写档案"几乎就能跟指纹一样个人化且精准"。[①]

梦，映照出一个人的成长背景和心灵状态，像自己偷偷存放在大脑"云端"的心灵密码。尽管梦的数据库一直在增加，甚至会重新组合、扩充，但若不去聆听和注意梦中自己对自己诉说的话语，有些纠结的问题就会一直得不到解决。就算编造梦境的能力如孙悟空般七十二变，但翻来覆去只会围绕同一个议题，尽管梦改变了呈现的手法，但想表达的内涵仍一样，所以有些人会一直重复做类似的梦。

A 君到马偕医院（台湾）协谈中心找我咨询时，单身、抑郁，全身散发着不快乐的气息。他从小到大反复被同一个梦境纠缠，想解开那个梦境的谜题。他说，从小学开始，就不断做着到殡仪馆参加葬礼的梦。小时候的梦比较模糊，只是知道自己身在殡仪馆里，但不知是参加谁的葬礼。这几年来，梦境变得清晰，他看见原来参加的正是自己的葬礼。

我问他："殡仪馆给你的感受是什么？" A 君说："是极度冰冷，充满死亡气息和绝望的地方。"几次咨询后，他才愿意透露，自小家庭环境极度冷漠，父母都是冷淡、不愿表露情绪的人，家中的气氛总是冷冰冰的，发生什么事情都采用"冷战"的方式，这种冰冷的感受在年幼时就成为他

[①] 见洛克（Andrea Rock）的《梦的科学：解析睡眠中的大脑》（*The Mind at Night: The New Science of How and Why We Dream*）。

的阴影。长大后，他把这种"冷"内化成自己的性格，不相信有人会喜欢他，不和人互动，没有朋友，也不愿结婚。

反复纠缠 A 君的梦，映照出他心里一直没有解决、还不断扩大的问题。幼年时的梦都在反映环境，成年后的梦则反映自己的内在。小时候他梦到殡仪馆，代表对冰冷的家庭环境的恐惧；长大后再梦到，则反映出自己内心看待世界时也是冷漠的，内心就像座殡仪馆。参加自己的葬礼，则形同他对自己的冷漠也感到绝望，渴望快乐却快乐不起来，显示出内心需要被照顾。

梦，就像自己偷偷存放在大脑"云端"的心灵密码。

我为什么这么爱做梦？
——— 梦的数据库

　　还有一类反复出现的梦境，反映出同一类社会分子的共同经验，成为人人都曾做过的经典款"大众梦"。荣格曾提到，梦有个人象征和集体潜意识象征，集体潜意识象征即大家从小耳濡目染接受的象征，这种梦反映了社会文化背景。

　　在中国，最具代表性的就是"考试梦"。因为学校大都是升学主义挂帅、重视考试结果，考不及格就会被笑，所以这种梦会被演绎成面对各种问题时的象征。譬如一遇到生活或工作上的挑战，若来不及准备，就会梦到忘了要考试；如果把事情搞砸，就会梦到要考试了却来不及准备。

　　因为这类梦境把自己内在的焦虑、不安诠释得太好了，所以遇到类似的情绪时，梦境就会忍不住反复拿出来使用。不过，若一遇到困难就做这类梦，也代表自己处理焦虑和面对挑战的能力一直没能随时间而提升。

因为考试梦把一个人内在的焦虑和不安诠释得太好了……

梦，也有经典款的"大众梦"。

I am 大众梦。

所以，遇到类似的情绪时，梦境就会忍不住反复拿出来使用。

懒货！

其中，最具代表性的就是"考试梦"。

I am 考试梦。

今天还让猫在梦里继续考试好了！

遇到挑战来不及准备或者担心把事情搞砸时，就容易做考试梦。

呜呜呜

ZZ

我为什么这么爱做梦？
—— 梦的数据库

👑 不要害怕恐怖的梦

噩梦和美梦，好比坏人和好人，不能用表象来判读。有时候梦中血淋淋的画面，可能预示着重生的决心；而看似平静、美丽的影像，可能埋藏着一种深不可测的恐惧。

有位男子曾向我诉说，梦到女友拿了一把锐利的刀子，朝他的左手掌划下深深的两刀，左手当场血流如注。可是奇怪的是，他做了这个看似恐怖的梦，醒来后却感觉很好，没有半点儿害怕。经我再三询问，才知道他认为手掌代表命运，而女友是一个坚定、强势的人。

梦中出现的人物其实都是自己的投射。于是可以了解，梦中的女友其实是他自己坚定那一面的化身，等于是坚定的自己在拿刀破除自己的命运。男子听了后也豁然开朗地说，他过去真的很相信命理，结果把自己害得很惨，因此的确需要下定决心破除迷信，不再沉溺于算命。

我太太也有类似的经验。多年前，我获得全额奖学金要去英国进修一年，当时女儿才刚满月，自己很舍不得离开家中妻女，决定非要获得太太同意才能去。但是我才刚与太太提及，太太立即就表示支持，认为这是千载难逢的机会。当晚她就做了一个梦，梦到拿刀一片一片割下自己手掌的肉，还把割下的肉吃下去，但是吃得心甘情愿。

我问太太，对她而言割下手掌的肉代表什么，她说就像是分离。由此可以知道，这个梦反映出，虽然太太对我要离开觉得很痛苦、很不舍，但还是要甘之如饴地接受，这真是一个充满勇气的梦境。

　　因此，画面惊悚的梦不一定是恐怖或不好的预兆。同样，美好的画面也不一定代表完美。曾有一个女孩儿说，她梦到仰望着一片蓝天，天空开阔湛蓝，画面很宁谧，但她心里想的是："自己能够飞翔的话，该有多好！"其实，这个梦代表女孩儿从内心渴望自由自在，但又不可得。

　　梦境的数据库是生活投射和成长沙漏堆积的结果，但凡经历过都会留下痕迹。那些看似走过的光阴，经过成长的筛选，都会将没能穿越的疑惑和困扰留下，成为探索生命的线索。梦反映出最无法自欺欺人的真实自己，也提供最佳的生命教育凭据。梦境忠实地反映了一个人的生命历程，在平顺单纯的环境下成长的人，接触的信息单纯、平静，运用来当成梦的素材也多半较为平和，少有冲突性。

　　由此可知，孩子的成长环境有多么重要！在安定、平静的环境下长成的人，会有稳定的个性，梦里扮演的角色不会过于激烈，也不需要搜集太刺激的信息到梦的数据库中。梦没有好坏美噩，但人生却有阴晴圆缺，不必害怕做了骇人的梦，因为梦的景象可能是弥补现实人生某块缺角的拼图。

梦 的 十 种
性 格 解 析

第二章

Bingo!

梦见一只七彩狐狸

——梦的语言，象征的手法

人的一生都在寻觅另一半的自己。但是事实上，人不是不了解自己，只是受创后的自我防卫反应会下意识地否认和隐藏一部分不愿面对的自我，那些部分被警戒性很强的理智，全赶进了夜里的梦境里解放。梦，是一条现成的自我解密路径，做梦最重要的意义就是在告诉自己——真实的你就是这样，不要再逃避了！

👑 为何要用象征表达？

梦不是平铺直叙，而是用"象征"的手法，假借人和事物的象征意义营造要诉说的情境。梦的象征不是表面的意义，不能直译，你必须用心聆听、仔细观察，才能深入了解象征的意义，听懂自己对自己诉说的密语，而不至误解了梦的含义。

许多人认为"日有所思，夜有所梦"，其实梦通常都不是在讲述最近发生的事情，而是因为最近遇到的某些事，触动了深藏内心许久的某一部分记忆或迷惘，才将白天遇到的事拿来当题材，目的是为了讲述一个有更深层含义的事。

譬如，白天考试很紧张，晚上不会梦到考试，可能是梦到自己正在做一件很困难的事；如果最近正在做一件不擅长的事，晚上可能会用考试答不出来的梦做呈现。

又好比内心充满争斗、充满矛盾的人，常有正义和邪恶两种极端的角色在自己的内心交战、纠缠，可能某日白天看了武侠片后，晚上就梦到里面有正义之士和邪恶之士对打。隔天醒来后，以为因为看过电影才会乱梦一场，其实梦境很真实地陈述了自己的内心世界。因此，千万不要太快将梦中的事件斥为无稽，忽视了其中的象征意义。

那么，人为什么无法对自己坦诚相待呢？因为当人的心灵受伤时，为了减轻痛苦，内心会发出阻断痛苦的信号，即所谓的"心理防卫机制"。人可能会用"否认"的态度自我催眠，告诉自己"没关系""不在乎"，或是以"忽略"的方式，用"忘了"来应对痛苦的经验；甚至"转移"焦点，移转对痛苦的关注。

如果内心的感受长期不被了解和善待，防卫机制就会成为一种习惯性的选择。长久下来，真实情感就被埋藏到潜意识里面，每当感受要冲出来时，理性就会担任把关的角色，用擅长的防卫机制压抑情感，长期的情感压抑就造成了内心的孤单及疏离感。

在梦中，人会运用象征将个人内心压抑的冲突情绪真实地投射出来，因为象征的语言是连理智也不熟悉的，如此才能巧妙地"骗过"理智的管制与压抑。若能用心学习和了解自己的象征语言，就能够借由梦境进入自己的内心世界，照顾因为压力、伤害、冲突、矛盾而破碎的心灵。

让人借由梦境进入自己的内心世界。

内心

梦会采用象征的手法，营造要诉说的情境。

梦

要用心去解读梦中事物的象征意义，才能听懂自己对自己诉说的密语。

梦

象征的语言是连理智都不熟悉的，可以巧妙地"骗过"理智的管制与压抑。

理智

梦的象征，以看得见的东西表达看不见的想法和情感

当我们写文章时，具体的东西很容易描绘，抽象的事物却很难表达得贴切。修辞学中有一种表现手法叫作"象征法"，即把抽象的概念和情感或看不见的东西，借用具体的象征表达出来。

梦的象征法也一样，以一种看得见的东西来表达看不见的东西。任何一种抽象的思想、观念、情感、意志、欲望或看不见的事物，在梦中都不会直接表明，而是通过以某种具体意象为媒介的"象征"来间接地表达。象征既有不会一下子就直接表达全部意义的"含蓄性"，也有丰富的"多重意义"和"不确定性"，可以因人而异有不同的解释。

有时候，"象征"的意义放之四海而皆准，譬如有人描写自己的心情像在"坐云霄飞车"，有乘坐经验的人，大多可以马上体会作者内心急速起伏、惊恐万分的感受。有时因为不曾亲身经历过，难以了解某一象征的意义，好比有人描述最近的心情有如在"蒸桑拿"，对于从未蒸过桑拿的人而言，就无法通过这种比拟体会当事人的心情。

所以梦的象征语言，有时是社会大众共通的经验，有的时候则是个人独特的背景和体会。因此，无论是想了解自己的梦境，还是某些人士想替别人解梦，都不应太早下判断，更不应该以自身的主观看法去诠释他人的梦境，而是要仔细询问当事人的感受，反复确定，才不会扭曲了梦的象征含义。

♛ 同样考试的梦，不同人的象征意义迥异

同一个象征的符号，对不同的人而言可能代表的意义也极为不同，因为人在成长的过程中与周遭不同的人和事物的互动经验，会在心中产生属于自己的独特感受，这些感受在日后会因为在某些情境下与事物产生联结而出现，于是这些人、事、物就慢慢成为当事者内心形容某些特殊感受的象征。

一般人可能觉得狗代表了忠心、可爱和善解人意，但曾被狗咬过的小孩儿，长大后一看到狗，就会心生恐惧，因为狗对他而言，就是恐惧的象征。曾经被坏叔叔欺侮过的小孩儿，长大后只要看见五官长得像坏叔叔的人时，心中就会产生畏惧感。

在台湾，几乎人人都曾做过与考试相关的梦，即便如此，"考试"这个象征符号代表的意义仍然因人而异。曾经有位女士告诉我，她被一个一直重复出现的梦境困扰许久。"我常梦到我在考数学，每次都是认真努力作答，但没有一次能写完或一直写错，梦里感到很紧张和懊恼。"

这个梦表面看起来似乎很单纯，考试无法完成作答，代表她身处某种焦虑和恐惧中。可是，她从小最拿手的科目就是数学，对她而言，考数学应该是轻而易举的事，为何梦中的她却被数学考试难住了呢？

进一步询问才知道，原来当时的她正好在自认很拿手的人际关系和沟通等事情上，不断被质疑和否定。在梦中，数学就被用来当作平常拿手事务的象征，即代表"人际关系、沟通"，而考试作答则象征能力被考验和质疑。

👑 梦对每个人都有独特的意义

　　由于象征对每一个人来说都有其独特的意义，解释梦的权力当然要交给做梦者本身。我常听到有些自以为是的人，运用自己对象征的一知半解来解释别人的梦境，一味地将自己的观点套在做梦者身上，硬要对方承认。这种强迫别人接受自己对象征的主观了解，使得我们非但无法进入对方的内心深处，还将别人搞得一头雾水。我自己就曾经犯过这个毛病。

　　多年前，一名女学生告诉我："我梦见我在厕所里，看见一只狐狸，这只狐狸还是七彩的哦！"我当时心想，厕所是让多数人不舒服的场所，狐狸又通常被认为是狡猾的动物，所以可能不是很美好的梦。不料一问对方，才知道自己的解读全然错误。

　　这名女学生娓娓道来："厕所是我累了一天最舒适的休息场所，我会在里面放着音乐看书。狐狸则是我认为最美丽的动物，七彩的狐狸就真的美到无法形容了。"我立即引回正题，依照她的解释分析："你的梦透露出，在一个令你放松舒适的场合，你看到了无法形容的美丽事物。"

　　她想了想才说，这个梦是在她不久前去兰屿岛时第一天晚上所做的。当她第一眼见到水天一色、平静悠然的兰屿岛，那种内心舒畅的感受和令人屏息的美景，真是美到让她无法用言语形容，于是借由做梦，她完美地表达出对兰屿岛美景的惊艳之感和赞叹。

但在某些人看来却是累了一天最舒适的休息场所。

舒服！

象征，对每个人来说都有其独特的意义。

所以，不要一味套用自己对象征的一知半解来解读别人的梦境。

你是猫。

梦半仙

......

因而解释梦的权利当然要交给做梦者本身。

喵

对大多数人而言，厕所并不是让人感觉舒服的场所。

梦见一只七彩狐狸
——梦的语言，象征的手法

👑 为"梦的象征符号"做分类

虽然每个人成长的经历及赋予象征的解释不同，但象征中有一些基本的元素，也有最常被使用的类型，以下整理出不同象征符号反映的主题和方向：

❤ 距离原则

因为梦中牵涉不同形象的投射，所以"距离"是一个非常关键的要素，可以用它来判断做梦者投射出的形象，究竟是反映自己内在的一部分还是意指他人。

梦境中越靠近自己的形象，越能代表自己内在特质的投射，譬如在梦中拥抱、牵手的对象，其实正是自己的内在角色。同样，在梦中打杀、摔跤的对象，也是自己某种内在角色的分身。两者的差别在于，拥抱、亲吻的梦通常代表接纳自己的内在角色或特质；打杀、摔跤的梦则往往代表和自己的内在角色或特质之间发生了矛盾冲突。

"我梦见我热情地拥抱了前男友，但我们早就分手多年，而且我也没有想念他啊！"明玉不解地问我这个梦境的含义。

从距离原则来看，我知道，这个梦其实表达了她接纳自己内在与前男友特质相似的某一部分。和她聊过后，我知道了前男友在她心中的特质是温柔和善解人意的，虽然当时明玉身处被同事排挤、被朋友误解的人际困境中，但她仍然相当满意自己保持温柔、善解人意的特质，这便是她做那个梦所反映的状况。

因此，如果梦到拥抱不熟的朋友、同事甚至政治人物或明星，而不是自己的亲密爱人时，不必太过讶异，其实这表示自己正在接纳某一部分的自己。从另一方面来说，原本亲密爱人曾深深吸引自己的特质，后来却感到厌烦了，那么与之相拥、牵手的梦境也会随之减少。

比如，我们常会特别喜欢具有自己想要拥有的特质或和自己不同特质的人，"急惊风"可能欣赏"慢郎中"的随和自在，慢郎中也会欣赏急性子人的办事效率，但若两者交往后，起初互相欣赏对方的那些特质，有时会反过来变成要求和批评对方的理由，如此一来就很难梦见彼此互相牵手或拥抱了。

在梦中，不论是拥抱、牵手的对象，还是打杀、摔毁的对象，都是自己某种内在角色的分身。

亲爱的！　我来了！

梦的象征中有一种"距离原则"。

距离原则

只不过，前者代表接纳，后者代表冲突。

接纳　冲突

梦境中越靠近自己的形象，越能代表自己内在特质的投射。

你不是我。　我是你。

梦见一只七彩狐狸
——梦的语言，象征的手法

■春梦

春梦常让人难以启齿，特别是梦中亲热的对象不是自己的枕边人，甚至对象居然是好友的另一半或亲人时，醒来后常会觉得难以置信。事实上，大多数春梦都是喜悦的梦，代表和自己的某种特质或性格的紧密结合，并且喜欢到了有些自恋的程度。因为"性"是和自己零距离、最深入的象征，所以梦境采用春梦来直接表达这种沉浸其中的舒适和愉悦。

在梦中，所有和自己接触、拥抱的对象，都是自己一部分的投射，所以无论春梦中发生关系的对象是谁，那个对象都只是反射出自己某一部分特质的代表而已，并不表示对具体某个人有想入非非的念头，仅仅是觉得拥有这个特质非常满足。所以，梦中无论和什么对象亲热都不是重点所在，了解那个人的特质是什么，这对了解自己才具有实际的意义。

另一方面，春梦也可能出自"生理需求"，单纯在梦里达到生理上的满足而已，但也可能两者皆有，既满足于自己拥有某种特质，同时生理上也达到了满足，这个可以保留给做梦者自己去体会。

不过有些状况，做了春梦却反映出内心的不安。如做了春梦醒来后，有严重的失落感，这代表自己虽然处理了某些特质和人格上的问题，但还是感觉空虚，显示问题还没有完全解决。

有些人则在做春梦的过程中，一直为亲热的对象是某人的老婆或老公而感到内心不安，这类反应通常代表"偷取"了别人的形象、模仿了某人，所以才觉得不安。另外，道德感太强的人，做了春梦就觉得罪恶深重，以至谴责自己，这显示出他对性有错误的认知，建议去找专家进行心理咨询。

■被追逐的梦

当一个人面临压力大的处境时，常会做被追的梦，这种梦属于"压力梦"。以距离原则来检视，可以区分出梦境是在描述外在压力还是内在压力。若是梦中远处有人或怪物在追逐，说明是因为外在事物所引起的压力。如果追逐的鬼怪或人物非常靠近，甚至已经触碰到了梦中的主角，就可以判断这个压力来源是自己给自己的。

另外，要了解引起压力的来源究竟是什么，需要仔细记下或问清楚梦中的主角是被什么东西所追逐。

还有一种梦中的追逐形态是距离的变化，追逐的物体从远处不断朝自己靠近，最后到达自己身边。这种梦所反射出的压力形态，一开始是来自外在的，如考试、工作要求等，但随着压力来源（事件）的时间迫近，要求完美的个性会渐渐担心自己的表现不够好，于是便形成了一种内在的压力。

了解梦中是被什么东西追，可以判断出压力的来源。

有一种"压力梦"，是在面临很大的压力时做的梦。

梦见一只七彩狐狸
——梦的语言，象征的手法

接下来，分享几个追逐的梦境实例。

梦境实例一：被绿色怪兽追

有位女士与我分享了她高中时期的梦，她说："那时我曾梦见在校园里被一只绿色怪兽紧追不舍。奇怪的是，怪兽一路从教室追到操场，都只追我一个人，沿途四周的同学不仅没有被追，竟然也看不到我被追。"我询问她："在高中时期与绿色有关的东西，你会联想到什么？"她停顿了一下，简单地回我一句："校服！"

原来，那位女士高中就读的是"北一女"（即台北市立第一女子高级中学），正是著名的"小绿绿"（学校校服以草绿色为主，故而被称为"小绿绿"）。梦中怪兽追她的距离很近，所以是她自己内心恐惧的投射。她听了后若有所思，叹了一口气说："我了解了！高中时期，我总觉得北一女的身份是我心中最大的压力，生怕自己的表现不够好，而且心中总是很疑惑，为何别人都适应得很好，不会像我一样有压力。"我半开玩笑地说："说不定你的同学半夜也都梦见被绿色的怪兽追呢！只是她们不说而已。"

梦境实例二：被一群僵尸追

有位中年男士常梦见被一群僵尸追赶，并且已经非常靠近，只要被僵尸触碰到，自己也会马上变成僵尸。他有时在自己快被追上时吓醒，有时在被追上变成僵尸时吓醒。他对僵尸的感受是"像个活死人，活着却没有感觉"。面对这位男士，我的心情极其沉重，因为我了解他心中的矛盾。

这个梦境反映出，他是一个害怕自己变得没有感觉，但又强迫自己不要有感觉的人。被一个陌生人了解而流露出不可思议的表情，都写在他的脸上。这时他才道出，自己在面对各种成长中的痛苦时，都用压抑的方式强迫自己不要有感觉，长此以往，便让他失去了对人和事物的感受力。其实，他并不想失去感受力，但又害怕面对受伤时痛苦的感受。经过这样的交谈和了解，让我之后对他的关怀有了更清楚的目标与方向。

反映的是不想失去感受力，但又害怕面对受伤时的痛苦感受的矛盾心理。

梦到被僵尸追，不是在梦中上演恐怖片。

梦见一只七彩狐狸
——梦的语言，象征的手法

梦境实例三：午夜狂奔

从高中开始，挺诚就常做逃亡、被追杀的梦，梦中的他总是一直在狂奔，并且穿过很多门，上下许多楼梯，有时还会一直变换交通工具，但是连他自己也不知道到底哪里才是目的地，也不知道会到达什么样的地方，就是一直拼命地跑呀跑。

很明显，这个梦所要表达的一切都是由压力引起的。门与楼梯的场景代表让他内心不安定的内在压力，但因为想不通、搞不懂（穿过许多门），心情总是上上下下（上下楼梯）的；不断地变换交通工具，则是指他尝试用不同的方法处理事情，但仍然无法预测出最终的结果（目地的）在哪里。

和挺诚详谈完，我才知道，原来他有一个严厉的父亲和一个控制欲强又情绪化的母亲，这让挺诚从小就没有机会表达自己的想法，因此他需要一直察颜观色，并不断要求自己处事谨慎，才能获得暂时的平静。

长久下来，他变得个性敏感，过分在乎别人。随着年纪渐长面对逐渐复杂的人际互动时，他的内心总会产生混乱，还不断担心自己该如何为人处事才算得体，怎样才能让别人满意？在一连串紧张与混乱中，挺诚心中也开始疑惑，自己这么辛苦面对人群的目的是什么？

不断变换交通工具，则指一个人尝试用不同的方法处理事情，但仍然无法预测出最终的结果（目的地）在哪里。

做逃亡和被追杀的梦，也是因压力而起。

将梦境结合实际来看，就会了解一个人面临着怎样的压力。

奔跑时，穿过很多门，表示想不通、搞不懂。

我最简单！

而上下很多楼梯，表示内心起伏不定、七上八下。

梦见一只七彩狐狸
——梦的语言，象征的手法

● 空间原则

人在做梦时的空间会随着心境的感受不同而变化。若当下的心境为觉得快要被周遭环境压垮，或被自己的内在要求不断逼迫时，梦中出现的场景极有可能是狭小且令人窒息的空间；反之，若心境开阔自在，梦中的场景往往是一望无际的草原或宽阔的海滩。

梦中的空间可以分为私人空间、半开放空间、开放空间、移动空间以及固定空间。梦中私人空间里面发生的大小事，大多反映做梦者内心世界的状态，如在客厅、卧室、浴室、地下室等地方发生凶杀案、打斗，意味着做梦者内心的不同角色之间，正进行着某种冲突。

在半开放空间发生的事，则反映身处某一团体内的感受，例如在戏院、大饭店、教室、礼堂、公交车、火车等空间发生的事情，通常可以解读为做梦者在某一封闭的团体中，如学校班级、教会团体、办公室、家庭中的感受。开放空间的梦境则属于平时日常生活中的自我呈现。

心境不同，梦境中的空间也会不同。

■固定空间

固定空间通常是一个人用来投射其角色认同、自我形象的象征，例如若有人梦到一栋小木屋坐落在宽阔的草原上，旁边别无他物，木屋就属于固定空间，做梦者对木屋的感受，就代表他自我认同的状态。

如果当事人觉得小木屋是舒适、纯朴的，那么他的自我认同便是感到舒适、纯真的；若旁边又无其他干扰，代表当事人是个自由自在的人。若当事人觉得这栋小木屋是荒凉的，则表示虽然当事人觉得自己是纯朴的，但同时也感到孤立无援、没有朋友。

进入房子后，可能还有不同的室内空间，如客厅、厨房、卧室、厕所等，如果一个人正在越来越深入自己的内在认真探索，在梦中也会进入越来越隐密的内在空间，例如从客厅进入卧室。因为卧室是人休息的独处之处，属于最私密的地方，进入时的感觉、里面出现的人和事物，都代表自己内在的一部分。

内在的空间也常保留着过往的形象以及与他人互动的记忆等。如梦见自己进入客厅，看到里面有很多人，那些人就代表自己内在的部分；和当事人距离较远的人，代表这是他潜藏在心中的记忆或过往的形象；离当事人很近或和当事人互动频繁的人，则是他现今生活中的投射。

若很多人在较为私密的空间中出现，表示此人常常将别人的言行举止放在心中。如梦到走进一栋小木屋里面，一般来说，小木屋代表他的自我存在认同，但里面出现的许多人物，无论在狂欢或各做各的事，如果人的形象都是模糊的，表示此人的个性习惯将过往的情谊、与别人的互动回忆，都存放在心里。其中，比较靠近当事人的人，是其现阶段的投射。

内心越复杂的人，梦里出现的内在空间相对就越多。相反，出现的空间越简单，性格也越单纯。空间的位置，也有不同的含义，通常越往上面（如阁楼），代表越往大脑和理智的方向走，越往下面（如地下室）则代表越往内心情感深层的方向走。

曾经有个女孩儿梦见自己进入一栋房子，没多久房里出现一扇门，打开门后又看到一条长长的走廊，走廊两侧全部都是房间，而她每打开一间房间，里面就会出现一个景象，每个房间的场景布置都不同。这个梦境代表女孩儿将不同的记忆分别存放在不同的内在空间，梦中每间房间都存放着她过往的记忆或内在自我，而每间房间出现的景象、存放的东西都有其意义，需要逐一地去询问和了解。

内心越复杂的人，梦里出现的空间就越多。

梦中的空间分很多种。私人空间反映出做梦者的内心世界。

理智 ⬆

情感 ⬇

越往上面的空间，
代表越往大脑和理智的方向走；
越往下面的空间则代表
越往内心情感深层的方向走。

固定空间则投射出对自我的角色认同。

做梦者对固定空间的感受，
就代表他自我认同的状态。

梦见一只七彩狐狸
——梦的语言，象征的手法

■常见的室内空间象征

☆阁楼

通常指一个人较为理想、理智的部分，也可能指较少进入的状态，因为阁楼通常用来储藏一些平时不会用到的东西。

☆浴室

浴室象征内在有需要或已经处理（清洁）的情感、思想、行为等部分。

阿哲梦见一间透明的公共浴室，令他百思不解的是，他居然尽情地在里面洗澡，不担心被人看见。经过与他讨论和分享后才发现，原来他最近在教会小组里有了很深刻的信仰体验，在一次小组分享时间里，阿哲坦诚且勇敢地在其他组员面前进行了自我反省与剖析，之后就做了这个梦。

☆厕所

厕所的世俗象征是排泄体内废弃物的地方，当一个人的情绪找不到出口，可能会梦见找不到厕所或找到厕所时却开不了门；又或者梦到进入厕所后，发现马桶的下水口被堵住了（情绪出不来或无法放心地尽情释放）。

也有例外的状况，例如有人疲倦到起不了床却感到尿急时（也是一种压力），同样会梦见找不到厕所、打不开门、拉链拉不下来，甚至梦见裤子穿反了。

☆厨房

厨房象征自己需要为目前正在发展中的身体、思想和心灵提供养分。如果梦见橱柜中的东西稀少、快要用完了，需要去超市补货，就要好好思考整理，到底采购单中要购买的东西有哪些，又分别代表什么意义。例如，可能为了身体的健康，需要定时运动；为了增长见闻，应该养成每天阅读书报的习惯。

☆餐厅

餐厅的意义与厨房类似，代表的是"立即"需要补充的养分，较少关联到预备、储存以及料理食材的过程。

在梦中出现了什么食物？有何特别的意义？享受还是被强迫？只有经过细致分析，才能知道是什么领域已到了需要立刻补充养分的地步。

☆客厅

客厅象征每天与人互动时的内在空间，所以在梦中经常会出现客厅的场景，而且客厅中往往都会出现别人。这些人之所以出现，是因为他们身上都拥有你内在自我形象的某一部分。

☆卧室

卧室象征深层潜意识部分的内在自我，若有内在改变或失去某种特质时，梦境场景就常常发生在卧室中。

如果在里面看见爸爸躺在床上死了，其实是内在自我中像爸爸特质的那部分失去功能了；妈妈生病躺在床上，象征内在像妈妈特质的部分生病了、无力了；男友睡在床上叫不醒，代表内在像男友特质的部分沉睡不醒。如果想知道失去了什么特质，必须先弄清楚父母或男友在自己眼中拥有什么样的特质。

梦见一只七彩狐狸
——梦的语言，象征的手法

如果卧室里出现大蜘蛛或蟑螂，则表示自己的内心产生了许多如面对蜘蛛或蟑螂一般的感受，所以还是要先了解自己面对蜘蛛与蟑螂的感受是什么。

☆公寓

公寓是许多房子紧密连在一起的相似空间，一般表示在人际关系上很忙碌，与他人互动紧密，就如同公寓般彼此紧靠在一起，而且对自我形象的认同不比别人差。

☆楼上（或较高楼层）

通常指理性和灵性层面的内在自我。若梦中一直往上爬或乘电梯向上，象征内心一直渴望能理解自己，或想通某些自我的困惑。

有些人的梦境中，会在楼上出现许多人物，这是因为理智层面存放了许多人际互动的场景。需要注意的是，在梦中和自己互动的人代表的是自我形象的投射。

☆地下室

地下室象征感性层面或潜在的自我，通常与潜在的焦虑、过去的价值观、情感记忆以及习惯模式有关。

现今的生活事件，如价值观冲突，被否定、被拒绝或被抛弃，挑战失败等，若触动过往的经验与模式，梦中就会到地下室去走一趟。若里面出现的人物是陌生的，显示做梦者对平时自我的情绪面是不熟悉、不会自我照顾的。若出现许多死人，则显示内在情绪中存放着许多绝望的无助情绪。

☆门厅通道

门厅通道象征你目前到达了人生旅程的某一关键时刻，需要通过某一过渡区域才能到达另一种新的境界。这条通道有可能是弯曲、狭窄的，需要小心谨慎才能够通过。

若在梦中通过这条通道时产生了害怕、担心甚至找不到出口的恐惧心情时，现实中就要特别用心地关照目前自我内在的心灵旅程。这个梦境极有可能预示着你在外在角色或内在性格转变的过程中，心中因为有许多的担心而迷失在新旧之间。

虽然固定空间的象征，可以分析和归纳出基本的含义，但我们不能单凭梦中出现的空间画面，就断定做梦者目前的状况是好是坏。因为空间画面只反映了当事人目前的"存在状态"，还必须连同做梦时的处境与感受一同了解，因为每个人进到梦中的房子（内在空间）的感受都不相同，重要的是要问："在这个空间中发生了什么事？有何感受？"

人们在描述梦中的场景时，常会加上一些感受性的字眼，如阴森森的树林、自由奔放的草原、昏暗的地下室、明亮的广场、热闹拥挤的街头等，即使描述的场景不断跳跃且不合逻辑地进行切换，这些语气和形容词往往已同时鲜明地陈述了自己的梦境和心境。

梦见一只七彩狐狸
——梦的语言，象征的手法

以下有几个与固定空间有关的梦境实例来和大家分享：

梦境实例一：漏水的小木屋

有一回陈哥和我分享了他的梦，在梦中，他走进了一栋小木屋。我询问他："小木屋坐落在何处？你对小木屋有何感觉？这栋小木屋有何特别之处？"陈哥回答："那栋木屋坐落在荒郊野外，木屋对我而言是简单朴实的，印象深刻的是它的内部一直在漏水。"

从他陈述的梦境与感受来分析，简单、朴实是他对自我的认同，但当下他存在的环境是孤单的（荒郊野外），并且内在无法抵挡外面的冲击入侵（屋子会漏水）。陈哥听完我的回应后，瞪大了眼睛，难以置信地看着我，那正是他当下的状态。

陈哥说，自己非常在乎别人对他的评价，任何人看他的眼神、和他谈话时的语气态度，都会强烈左右他的情绪，而这种负面的自我形象是从小就养成的。他一直想努力证明自我的价值，最终却造就他成为一个孤单、敏感又在乎他人眼光的人。

梦境实例二：热闹拥挤的公寓

有一天，小吴梦见自己进入一栋公寓。这栋公寓坐落在一个热闹拥挤的大都会区域，里面的房间一间紧连着一间。令他不解的是，虽然每间房间如此紧密地连接在一起，但从窗户看进去，每间房间里的人都在忙着进行不同的活动，而且住户之间彼此没有互动。

从他的梦境中，可以看出小吴正处在人际互动频繁的关系中，但每一个人似乎都只在乎自己的内在需求（在房间内忙碌），彼此的内心其实是疏离的。

梦境实例三：阴森的鬼屋

阿美梦到她进入一座古老的鬼屋中。根据她的描述，鬼屋外面长满了藤蔓和青苔，鬼屋里面阴森黑暗，最诡异的是，阿美看到"鬼屋中有许多人正在做撑竿跳"。当我问她对鬼屋有何感觉时，阿美爽快地回答："很神秘，让我很好奇。"她还认为，撑竿跳是种很高难度的运动。

当我告诉阿美，其实鬼屋（内在空间）代表的是她自己，她感到十分惊讶。我进一步分析，她对自己的内在充满好奇，但她有许多痛苦的经历过不去（好比做撑竿跳）。阿美听后红着眼眶说，她最近一直想探究自己的内在世界，因为自己从小生命中就充满了艰辛，长久以来她都不知该如何照顾自己，以至与自己疏离，就如同鬼屋外面长满了藤蔓和青苔。

梦见一只七彩狐狸
——梦的语言，象征的手法

■移动空间 ——交通工具

移动空间反射出做梦者的行事为人风格，最具代表性的就是交通工具和电梯。交通工具一般指"行动力""行动的我"，自行驾驶的轿车、摩托车、自行车等代表个人的行动力，大型的公交车、游览车则代表团体的行动力。乘电梯上上下下的过程呈现的则是内在的心情起伏。

在梦境中一般常出现的交通工具从最简单的自行车、摩托车到汽车、越野车等，投射出当事人对于目前自己的行动、处事等相关的描述。在这些交通工具上的人物，基本上都是自己内在的一部分。

我特别注意开车时掌握方向的人，因为他代表做梦者内在掌控方向的特质。如果不会开车的人梦见自己在开车，表示他现在正在做一项自己不熟悉或超出自己能力范围的工作；如果车子开得出乎意料地好，表示他对新任务虽然不熟悉、但能够胜任；若是完全无法掌控车子，就是新的工作远远超出了自己的能力范围，但又必须去做，对新的考验感到非常吃力。

如果梦中搭乘的公交车或游览车一直在行进，但怎么也到不了目的地，表示自己虽然身处团体中但没有归属感，不满意自己的现状；若是梦到司机乱开，则表示对团体领导人不满。

此外，还要注意车子的颜色，是鲜艳的、舒服柔和的还是灰暗的，车子的状况是老旧的还是全新的以及车子是马力十足还是没油了。更不可忽略的是交通工具行走的环境，是在宽广的大道上奔驰，还是在狭窄的巷道中不断碰撞；是在舒适的乡间小路上轻松行驶，还是在蜿蜒且崎岖不平的山路上小心翼翼地前进。这些细节都可以清楚地揭示出目前做梦者身处的环境。

譬如，同样做了关于摩托车的梦，有人觉得摩托车很方便，可以在车阵中钻来钻去，代表此人容易变通，在人群中显得很灵巧。还有人一直夸耀梦里的摩托车有多酷，代表自己觉得自我形象很时髦，又潮又酷。

假如梦到自己穿着溜冰鞋行走，表示当下的生活是很自由的，所以在梦中可以自在轻松地行动。相反，如果正被迫接受一项很不熟悉的任务，却不得不用这种方式进行，就会梦见自己在溜冰的过程中不断地出现快跌倒的状况。

如果心中的感受无法借现实中的事物完全投射出来，就会以不合时宜或复杂困惑的梦境进行补充说明。如越野车应该行驶在山路上，在梦中它却驰行在水面上；战车本应在战场上驰骋，梦中却开上平常的马路；明明是马力强大的百万名车，却行驶在非常窄小的小路上，旁边还停满了车，被挤得动弹不得。这种情况往往反映出英雄无用武之地的苦闷，不但没有被放在对的位子上，甚至还遇到许多阻碍。

一切象征都没有一体适用的固定解释，所以需要十分清楚地确定在梦中及现实生活中的感受和描述才能做判断，因为两者都是做梦者的投射。

接下来，用一些实际听过有关交通工具的梦境进行说明。

梦见一只七彩狐狸
——梦的语言，象征的手法

☆**自行车**

自行车属于"原始动力"，有时代表轻松自在，有时代表辛苦操劳。

有人觉得骑自行车是一项休闲自在的运动，梦到骑自行车代表自己是个简单轻松的人。有人梦到骑老式自行车，卖力又费劲，甚至会遇到一连串的爬坡，这个梦境表示做梦者觉得自己属于脚踏实地的人，有时甚至觉得很辛苦又时运不济。

☆**摩托车**

通常指具有行动力，可以在拥挤的都市丛林中快速穿梭，变换车道与方向。

若是梦见重型摩托车或者摩托车的颜色、形状十分奇特，那就要了解那些摩托车的特征有无特别的意义。

例如，有人梦见骑着老旧的古董摩托车，摩托车常常熄火，从"常常熄火"的象征可以了解到行动力常常停摆。然而，"古董车"对不同的人有不同的意义，如典雅的、传统古板的或独特的，据此才能了解行动力停摆的部分和领域在什么地方。

☆**汽车**

汽车又分房车、跑车、越野车、出租车等，每一种车子对做梦者而言，都有其特殊的意义。有人曾梦见自己在开出租车，他对出租车的印象是随时为人服务的，当然对方得付出对等的代价。这个梦境充分显示了他的处事和行动原则：他是一个随时等待别人发出需求信号，并会协助他人完成任务的人，但他心中也期待着别人会有等价的付出。

还有人梦到开着吉普车艰难地行驶在山路上。据当事人形容，那条山路非常难走，十分颠簸，不过吉普车照样还是开了过去。这个梦境代表他当时虽然遇到了许多挑战，但还是依靠自己的能力逐一攻破。

　　倘若梦见私人轿车里面坐着四个人，那四个人其实都是自己内在形象的投射，其中开车的人就是自己的主导特质。如果开车的是爸爸，那爸爸的特质就是做梦者主导自己生命方向的特质。

☆直升机

　　直升机方便起降，操控简易，在任何场所都可以迅速移动。

☆公交车或游览车

　　大型的"公共交通工具"代表拥有共同方向与目标的某一个团体，可能是学校班级、同一办公室或同一社团。

　　如果梦见搭乘游览车，代表在一个封闭的团体内，可能是工作的单位、班级等团体。这类梦最需要注意的是，梦中谁坐在我们的身边，有谁在跟我们说话，或者有谁比较靠近我们，通常他们代表我们在团体中所呈现出来的特质。有时也要特别注意司机是谁，司机通常代表团体中的领导，如经理、导师。

梦见一只七彩狐狸
——梦的语言，象征的手法

如果我们梦见自己就坐在司机的旁边，代表我们是团体中的领导人。若是远远地和司机说话，则代表我们在跟领导者说话。不过，领导者也会用象征的方式而非本人直接出现在梦中，如可能会跑出某位政治人物或卡通人物，甚至动物，那就是我们对该团体领导者形象的投射。

☆电梯

电梯是自我内在空间常见的象征。如果搭乘电梯一直往上，意味着一直想把某个关键问题或困惑厘清；往下，则表示想弄清楚自己深层的感受。

思考型人格特质的人，特别容易往"上"去想，想搭乘电梯到最高楼层，即希望能够完全想通。

不过，如果一个无论如何都想不通的人，可能会梦见在电梯中按了某楼层的按键，打开电梯门时却发现不是自己要前往的楼层，即使不停重按也始终到达不了。

也有人梦见自己在电梯中一上一下，表示自己常在理性与感性之间拉扯，找不到定位点。若是梦到搭乘电梯急速下降或失重，代表他原本都是以强力"控制"思想和情绪，结果却是"下降""失重"，代表完全的失控。

如果不会开车的人梦到自己在开车，代表他正在做一项自己不熟悉或超出自己能力范围的工作。

梦中的空间象征中有一种"移动空间"，它反映的是做梦者的行事为人风格。

> I am 移动空间。

不过，一切象征都没有一体适用的固定解释，要根据做梦者梦中和现实中的感受来做判断。

梦境

现实

移动空间中最具代表性的是交通工具和电梯。

最具代表性

交通工具　　　电梯

另外，电梯是自我内在空间常见的象征。梦到乘电梯向上、向下、上下不定、到不了想去的楼层等都代表不同的意义。

可以自行驾驶的交通工具，如自行车和轿车，代表的是个人的行动力。

梦见一只七彩狐狸
——梦的语言，象征的手法

接下来，讲几个我在临床上碰到的关于交通工具的梦境实例。

梦境实例一：开车的爸爸不见了

阿美梦见自己坐在一辆轿车中，爸爸负责开车，妈妈坐在副驾驶座，自己则坐在后座。没多久，前方遇到了交通事故，爸爸突然紧急刹车，全车的人都吓了一跳。过了一会儿，车子重新启动时，爸爸却不见了。阿美很紧张，因为妈妈不会开车，她就从后座向前伸手抓住方向盘开始控制方向，之后阿美就被吓醒了。

显而易见，这个梦境传达出阿美（行动中的我）突然遇到了一些困难，在第一个紧急刹车的地方，她爸爸的特质突然不见了，而掌控方向盘的爸爸代表行动中她内心的主控权。我问她："你爸爸的特质是什么？"阿美回答："爸爸是个有想法，知道自己要什么的人，妈妈则是温和的陪伴型人物。"

听完她的描述后，我告诉她："这个梦告诉我，你之前是个有自己的想法，清楚地知道自己想要什么的人，可是前不久遇到了一些冲突，就是在这些冲突过后，你失去了对人生方向的确定感，所以才会慌张起来。爸爸的特质也就在那时消失不见了。当你伸手向前抓住方向盘时，心情是慌乱的，所以此刻的你，心情也一定是很慌乱的。"

梦境实例二：载运煤气罐的自行车

　　阿哲梦见自己骑着一辆老式的自行车，后座的方形置物架上放着一大罐煤气。当我问阿哲，煤气罐给他的感觉如何时，他告诉我："煤气罐代表生活中煮饭料理时必须具备的器具。"所以，梦中他骑着载运煤气罐的自行车时，感到非常沉重且危险，生怕道路上许许多多的坑洼会让太大的煤气罐随时颠簸、震荡，以至发生爆炸。

　　听完阿哲的梦，我和他聊了一些关于他工作上的问题。阿哲才终于承认，自己当下的生活压力相当大。原来，他一直辛苦地扛起家庭生计，但工作总是不顺利，巨大的压力导致他的内心存放着很多压抑许久的情绪。他生怕哪一天如果压力超出自己能够承受的范围，恐怕会导致情绪失控（爆发）。

梦境实例三：被小车超越的高级跑车

　　一名四十几岁的男士说，他梦见自己开了一辆价值好几百万的国外进口名牌跑车。车子非常高级、昂贵，性能绝佳，但开上高速公路后，因为塞车动弹不得，于是他只能眼睁睁地看着自己的高级跑车和其他一般车子一起停在高速公路上。

　　不久后，交通拥堵开始疏解，有几辆老爷车、甲壳虫（大众汽车生产的一款紧凑型轿车）从他身边驶过。他猛踩油门，却发现车子没有油，完全启动不了，他只能懊恼地看着这些性能比较差的车子——从他身边驶过。

这个梦有两个阶段，第一阶段中，高速公路上大塞车，在动弹不得的车龙中，该名男士觉得自己的跑车最高级，显示出他自认能力比一般人强，是自我感觉非常良好的一类人。不过，即便自己的能力很强，因为环境不佳的因素，能力再强也动弹不得。第二阶段的梦境则显示，接下来当大环境改变了，一切转好，如同梦中的交通开始变得顺畅了，但是当别人都可以启动时，他才惊觉自己缺乏动力。

听我说完，他马上醒悟过来，并且告诉我，前一阵子他自己经营公司时，他自认为竞争能力与条件都很优越，顺利经营一定没问题，但没想到遭遇了全球经济不景气，公司的业务几乎完全停滞。直到经济开始复苏，周围的人都行动起来了，他才发现自己已经没有了动力，不想再去拓展业务、改善现状。

交通工具代表了"行动中的我"，也包含自我评价和自我形象。这位先生对自己所具备的能力颇有信心，所以会将自己比喻成昂贵的进口跑车。但与此同时，他也巧妙地用戏剧性的剧情表达出他内心的矛盾与冲突。

梦境实例四：开直升机逃难

正值中年的明哲来找我谈话时，分享了一个奇怪的梦。他梦到自己身处于枪林弹雨的战场之上，一开始，他只顾拼命地闪躲子弹，但是情境实在太危险了，以至他几乎无法闪躲，只能想办法尽快逃离战场。在逃跑途中，他好不容易发现了一架直升机，就立刻冲进直升机的驾驶室，准备驾机逃离。

就在此时，他突然想起忘了去救妈妈，于是又下飞机跑回丛林中寻找妈妈。找到后，他立刻牵起妈妈的手离开丛林，等把妈妈安置在驾驶室的后座，他就驾驶直升机逃离战场。在驾驶直升机的过程中，他仍然需要不停地躲避子弹的攻击，等他终于发现一处安全的地方，把直升机停降好之后，回头一看，没想到妈妈已经不见了。最后，他在悲伤的情绪中醒了过来。

在解梦的过程中，我先询问明哲："妈妈的特质是什么？"他回答："妈妈是个善良、容易信任别人并且很有爱心的人。"我告诉明哲，从他梦中的处境来分析，似乎在做这个梦之前，他曾经感受到整个环境中的人都在互相攻击，而且十分害怕自己会被波及。所以，他觉得应该尽快逃离这个环境，而且要选择可以垂直升降、快速逃离的直升机。

梦见一只七彩狐狸
——梦的语言，象征的手法

可是，在他想用最快的方式逃离时，他仍然想保留自己像妈妈一样善良、信任别人、有爱心的特质，所以将妈妈安置在后座。结果，在飞机到达安全的地方时，却突然发现自己内在像妈妈一样的特质不见了。

我问明哲："最近你怎么了？"他才红着眼眶告诉我，他离开了工作很久的公司，因为半年前公司换了主管之后，部门的同事之间就开始内斗，他担心会被波及，就用最快的速度申请了离职，行动力快到就像坐直升机一般。然而，好不容易办好了离职手续，到了新的工作场所后，他突然发现自己变得好冷漠，再也不敢轻易信任别人。

梦境实例五：和陌生人的电梯惊魂

明惠经常梦到自己和另外一个人一起乘电梯，进去后，电梯就一直摇晃得很厉害。照此情形，在现实世界中电梯早就掉下去了。当时，她感到惊恐万分。不过，电梯摇了一阵子后，又回到了原来的楼层，等门打开后，她就赶快跑了出来。据她描述，梦中的她要乘电梯上楼，和她一同乘电梯的是表情哀怨、冷漠的陌生人。

乘电梯往上，通常指向"思想端"的方向探索。在明惠的梦中，经常一上电梯，电梯就开始摇晃得很严重，由此可见，她很想快速想通某件事，但是只要一开始想，就会产生不安定感，而且生怕心情会瞬间变得低落。

　　和她一起乘电梯的另一个人，其实是她内在的一部分，显示她的内心有一个哀怨的自我。她既想要想通这件事，可是一开始想就会感到莫名的不安与恐惧。然而，当明惠不去理会这个哀怨的自我是如何产生的，她渐渐地就会与这部分的自己疏离，沦为陌生人。

梦中乘电梯时，电梯内的其他人，其实代表做梦者自己内在的一部分。
① ② ③ ④ ⑤ ⑥

梦见一只七彩狐狸
——梦的语言，象征的手法

梦境实例六：阿吉的电梯梦 ①

　　阿吉与我分享了一个有关电梯的恐怖的梦："我曾连续梦到过和电梯有关的惊悚凶杀案件。在梦里，我意识到一场蓄谋已久的谋杀即将实行，即有人计划要杀害许多人。当时，我正和一群人乘坐电梯，好像要去看一场展览，其中有我们的主任牧师，他也同我们一起乘坐电梯下楼。结果，有许多陌生人都被杀害，死在地下室的汽车里，我侥幸逃过一劫。原本主任牧师不相信这是谋杀，直到看见死亡发生，他才终于相信。但后来，我们还是选择继续乘坐电梯前往展览现场！"

　　在谈论中得知，这是阿吉在上完自我觉察课程后所做的梦。这个梦境透露出阿吉是一个极端自我压抑与自我否定的人，他常常借着向外广泛地表现和展示（展览场）来取得外在认同，以此来逃避内在世界的痛苦与矛盾。

　　梦中的主任牧师对阿吉而言代表的是权威，地下室代表他的内心深处，地下室充满了死亡（凶杀案）则象征他长久以来将被否定的自我存放在内心深处，连自己内在的权威（主任牧师）都没有发现。当意识到真相后，他还是继续前往展览现场，这说明他并没有真正地关照到自己的内在感受。

梦境实例七：阿吉的电梯梦②

　　阿吉还告诉我另一个有关电梯的梦："在一开始的梦中，我常常梦到坐电梯掉下去，电梯坠到底后会反弹上去，停在中间。我总是硬把门打开，从缝隙中爬出去。之后，我又梦到同一个梦，梦里的电梯正向下运行，但这次电梯里还有我的妈妈。在电梯向下坠落时，我们都感到很害怕，在往上反弹时，我想要推开门却不小心太用力，使门掉出了电梯外，并且越飞越远。

　　"之后，场景切换到地下室的电梯。一对男女进入电梯，我心里知道他们会出事，所以跑到另外一个电梯入口处看。负责开电梯的小姐问我：'要不要乘电梯？'我赶忙说：'不要。'结果，那对男女搭乘的电梯起火，并发生坠落。一会儿，女生全身起火，向我这里冲过来，要我救她。我吓得赶快爬上旁边的楼梯，但是她仍朝我冲来，我赶紧上锁。当时，我看到旁边的窗户是开着的，我也知道她可以过来，紧接着梦就醒了。"

　　围绕这个梦，我与阿吉比较深入地探讨了他的情绪处理模式。当触碰到最深的情感时，他会立即用理智强势压制，但通常会反弹并在一半卡住，最后需要辛苦地挣脱出来。这时，他才肯透露："妈妈是一个很辛苦的人，而且情绪经常歇斯底里，让我十分害怕，所以我一直有情绪也不敢宣泄。"

　　根据空间原则，在阿吉梦里，电梯中的妈妈其实是他内心的自我投射。也就是说，阿吉的内在自我中有一部分和妈妈相像。这也说明了在另一个场景中，让阿吉害怕的歇斯底里的情绪（电梯起火）终于发生了，一对男女在里面坠落，其中女生全身起火，向他身边冲过来，要阿吉救她。很明显，这个梦境说明当时阿吉处于情感与理智之间的拉扯与失控反弹中，而且他内在自我中的女性特质部分受伤了，但是阿吉完全无法照顾自己着火的部分。

梦到自己在电梯中一上一下，表示自己常在理性与感性之间拉扯，找不到定位点。

理性　感性

对于电梯梦的各种情况，都有了比较详尽的解读。

梦到电梯失重下落，代表原本以强力控制的思想和情绪处于完全失控的状态。

乘电梯一直往上，意味着一直想弄懂某个关键问题。

① ② ③ ④ ⑤ ⑥

因此，通过电梯梦可以了解一个人的情绪处理模式。

我要猫罐头!!!

呜　哇

哇　呜

乘电梯一直向下，则表示想弄清楚自己深层的感受。

① ② ③ ④ ⑤ ⑥

梦见一只七彩狐狸
——梦的语言，象征的手法

♥ 动物的象征

动物是人类最早开始运用的象征符号。从幼儿园到小学时期，孩子最常梦到动物，并且会用各种奇怪和恐怖的动物来投射身边最重要的或照顾他的人，像父母、外公外婆、老师等，并反映出他与照顾者之间的互动。如果照顾他的人很凶，孩子可能会梦到狮子、老虎等较为凶猛的动物。

到了青春期和成人期，梦中的动物则代表自己的内在特质或者和那个特质的互动与关系。然而，如果梦中看到的动物在户外跑动，对于梦境的解释比较类似孩童时梦的意义，只代表他所见到和感受到的事物。

虽然动物的角色和性格存在社会通俗的刻板印象，但是千万不要落入以个人的喜好去解释的误区，还是要以做梦者自己的感受和解读为主。

■打死自己的爱犬

大多数人都认为狗是忠心的动物，但是曾被狗咬的人会觉得狗很凶。常梦到自己被狗咬的人，通常在其温顺的外表底下，有颗不定时的情绪炸弹。这类人容易产生自责，甚至可能伤害自己。

民雄说，他曾梦到自己竟然狠心地赤手把爱犬活活打死。"梦境好真实，我真不敢相信自己有那么残忍。"

我问他对狗的看法是什么，他不假思索地说："狗是最忠心的同伴。"我对他说，梦中的狗其实是他人格特质的反射，他打死狗的动作，其实是自己强把原本忠实、忠心的特质抹去。他听了后恍然大悟，因为在现实生活中遇到被朋友出卖的事情，他感到十分伤心，很气自己对朋友那么有义气，朋友却如此对待自己。所以，他下定决心以后都不要对人那么忠实，于是便做了打死爱犬的这个梦。

■不断冒出的蛇

蛇也是最常"钻"入人们梦里的动物，但每个人对蛇的感受不同，这和各自的生活经历有关。有人觉得蛇很邪恶很狡猾，害怕被蛇伤害；有人深信蛇象征财富，梦见黄金蟒蛇可能与他认定的正在进行的某项工作有利可图有关。

年过半百已提早退休的阿荣曾跟我提到，他常会梦到房间的墙角不断冒出蛇，他觉得蛇可能会伤害他，因此他感到非常害怕。

我问他："最近有什么事最让他担心害怕？"阿荣才说出，因为提早退休，孩子都还在念书无法独立，虽然他小有积蓄，但是很担心需要的花费会不断出现，经济上无法负担。进一步详谈后才知道，阿荣出生于清苦的家庭，自小对经济就没有安全感，这个梦境正是他成长背景的投射。

■爱猫惨死

俊哲梦见自己的爱猫被狗咬死了，即使没有亲眼目睹，也没在现场看到"狗凶手"，俊哲还是十分肯定地认为猫就是被狗咬死了。被咬死的猫是他从小最疼爱的那只，因为它身体不好，俊哲总会特别花时间去照料。在梦中，爱猫最后只剩下一颗头落地，不可思议的是，只剩下头的爱猫眼睛仍旧在灵活地转动，好像没死一样。

梦见一只七彩狐狸
——梦的语言，象征的手法

　　我追问小狗留给俊哲的印象是什么，俊哲回答："小狗虽然忠心，却很麻烦。"很显然，这只猫的死和"忠心"有关。我再问他，觉得自己在什么事情上特别忠心，俊哲愣了一下后，傻笑着回答："我对工作很忠心。"我接着向俊哲提问，这份忠心是否让他感受到有些自找麻烦，俊哲听后缓缓地回答，为了工作他牺牲了很多，好像一切都得自己坚强地承担。

　　其实，被咬死的猫就是俊哲自己，为了工作连内心需要被照顾的渴求都被牺牲了。只剩下一颗猫头、还睁着眼睛，就如同是他理性的象征。面对工作上的压力，即使意识到自己的需求被压抑，仍然要努力以理性维持。

对于动物象征的解读，不可硬套社会通俗的刻板印象，而应以做梦者自己的感受为主。

动物是人类最早开始运用的梦的象征符号。

比如，大多数人认为狗是忠心的动物，但曾被狗咬过的人会觉得狗很凶。

汪！
汪！

小孩儿梦中的动物，投射出的是身边最重要的或照顾他的人。

猫猫
喵！

梦到把爱犬活活打死，可能是因为现实生活中被朋友出卖，伤心失望之下，决心抹去自己忠实的本质。

九命

到了青春期和成人期，梦中的动物则代表自己的内在特质。

变
变
变
变
变

梦见一只七彩狐狸
——梦的语言，象征的手法

❤ 颜色的象征

常有人问："梦是什么颜色的？"其实，梦是五颜六色的，但每一个人对颜色的感受不同，并非色彩缤纷的梦就美丽。譬如，有人觉得红色代表热情，也有人认为它象征危险；有人看到蓝色就联想到自在，而有人感受到的却是忧郁。

正常情况下，因为现代人接触到的影像信息都是彩色的，所以编造成梦境的素材也都是彩色的，不像早年生长于黑白电视、电影时期的人，梦境可能大多都是黑白的。倘若这个年代的人还常常梦到黑白的梦，首先要厘清他对黑白和彩色的感受差异，如果当事人觉得黑白很单调，则显示出不断做着黑白梦的他，生活太过单调。

此外，颜色若和其本身属性不搭调、不靠谱儿，也值得探究。有人告诉我，他曾梦到本应是蓝色的大海变成了红色，他还说自己本来很喜欢大海。当我追问他看到红色会想到什么，他说红色代表了"警戒"。这个梦折射出，他原本很喜欢的工作，在当时出现了让他感觉很危险的状况，所以梦境才会将两种意象重叠在一起，反映出他又欢喜又害怕的两种矛盾的情绪。

■彩色鱼变黑白

一位大二的女生说，她梦见自己站在水族馆外向内看水族箱里的鱼。她看见每条鱼都是色彩缤纷的，非常漂亮。她越看越喜欢，心想着："走进去看或许会更美。"于是，她打开门走进水族馆，没想到转身望向原本看的那个水族箱时，发现原来五颜六色的鱼全都变成了黑白的。她醒过来后觉得很纳闷儿，不懂为什么会有这样的变化。

这个梦的重点在于颜色的改变以及里面和外面的不同。水族馆属于半开放的空间，因此水族馆应该代表女生现在身处的一个团体。

我问她："是不是最近在某个团体，你从外面看过去的时候是非常漂亮的，可是当你实际进入后却发现和期待中的落差很大？"没等她回答，我接着问她："五颜六色跟黑白的差别是什么？"女学生回答："变得很单调、无趣，而且没有原本想象中的漂亮。"语毕，她自己就领悟了。

她自己解释说，这个团体就是她所就读的院系。高考前要填写志愿时，许多学长学姐都告诉她，现在她就读的院系有多么好，因此她怀抱着一个美丽的梦想，如同梦中她站立在水族馆外面，看里面的鱼越看越美，最后她选择了该院系。

然而，她实际就读后却发现，所学的课程让她觉得无趣又单调。她用颜色来区分两者的差异，也说出了自己的喜好与落差。后来，这名女生考虑要转院系，我们还一同对这个问题进行了比较深入的讨论。

■ 黑白的梦

有一次，当我与一个孩子讨论完他的梦，一旁的母亲突然问了我一个问题："我的梦境不管在室内还是室外，为什么都是黑白色或灰蒙蒙的？"我只问她："黑白或灰蒙蒙的场景给你的感觉如何？"她悠悠地说："单调无趣。"

我告诉她梦的场景就是她生活（内心与外在）的场景，也就是说，她平时看待自己的外在生活与内在生命都是单调无趣的。只见眼中泛着泪水的她点点头，将她生命中的无助与无奈徐徐道来。

梦见一只七彩狐狸
——梦的语言，象征的手法

♥ 通俗的象征

有些梦的象征十分通俗，这些都存在于普遍的生活经验或想象中，因此最容易拿来作为梦境的象征表现。不过，越常见的梦境，越要仔细详尽地记录下点点滴滴的细节，才容易揭开其中真正的含义。

■ 飞起来的梦

飞的经验是梦中经常上演的情节。有人克服困难、轻松自在，有人却飞得很辛苦。有人曾告诉我，高中时期常梦到飞起来，并且毫不受重力影响。大多数人可能认为飞起来是一种不受拘束的感受，但这名当事人告诉我，他觉得这种感觉很"不踏实"。后来，他和盘托出，一直以来他都觉得自己和他人的关系停留于表面，就仿佛自己飘在半空中，这是因为他隐藏了很多自己真实的感觉。

飞的方式也决定了做梦者摆脱困境的方式，梦中飞的心情则反映出做梦者目前的心情。如果梦见飞翔是轻松自在的，则可能是刚刚克服了一些困难，譬如提心吊胆许久的考试终于顺利过关，或者表现良好被老师赞赏，也可能是对自我的表现很满意。

若是梦到飞到一半急速往下掉，或者撞到山壁，往往象征做梦者在顺境中突然遇到挫折或打击。例如，在学校表现良好被老师赞赏有加，心情有如腾云驾雾，迫不急待地要回家与家人分享。但是，到了家门口时，听见里面父母争吵的声音，心情开始急速下坠，晚上便极有可能梦见飞到一半下坠的梦。另外，还有人梦见在飞的时候无时无刻不在担心会掉下去，这是因为平常都在担心自己的良好表现无法持久，害怕令别人失望或自己受到处罚。

☆辛苦地飞

曾经有位事业有成的男士告诉我，他常做这样一个梦："梦见自己在飞，而且一直是飞得最高最快的那一位！"他的表情显得很得意。我问他："到底是如何飞的？"只见他的双手费力地上下摆动给我看。我再问他："若没有认真摆动会如何？"他惊讶地说："那一定会掉下去呀，而且一定会被别人追上超过的！"

从他的肢体语言和回答里，可以感受到他活得很认真，但也很辛苦。与他进一步交谈后得知，小时候因为家境不好，他只能带着酸掉的便当，穿着简陋的衣服去上学，还常常被一些家境好的同学取笑、捉弄。因此，他立志长大后一定要出人头地，绝对要让人看得起。这使得他在现实生活和梦中，日日夜夜都勤奋地挥舞躯体，想要"飞得比人高"，一刻都不敢懈怠。

☆孤单地飞

另外一名中年女士，则和我分享了她从小就常常梦到的自己在飞的情境。但是，当我问到她在飞的过程中心情如何时，她淡淡地说："飞得很高，但没有一定的方向，周围也没有别人。"我接着问她："不知道要飞往何处，又只有自己一人在飞，想必当时一定彷徨又孤单？"她才含着泪水点点头，徐徐道出长久以来埋藏在心底的感受。

梦见一只七彩狐狸
——梦的语言，象征的手法

原来，她的父亲是退伍军人，在建筑工程处工作，长期需要配合公共建设工程四处移居，母亲又要忙工作赚钱贴补家用，于是四个孩子从小学一年级开始，全部在为退伍军人的小孩儿设立的教养中心长大，每年只有寒暑假才能回家生活。这段经历在她的心中留下了难以抹去的孤单与害怕的感受，一直到了成年后，这个阴影仍然挥之不去，反复在梦中出现。

☆ 从窗户飞出去

不同于别人飞翔的梦，信美是从自家的窗户飞出去。她告诉我，小时候常常梦到从家里的窗户飞出去，每次都飞得很高，感觉十分舒服自在。但是，往往都只飞到一半，就会醒过来，因而心中有很强的失落感。

在空间原则中曾提到，梦中"家"的空间代表自我的存在，因此梦中的信美是从自我飞出去。这意味着她常常渴望飞出自我，自由自在地四处翱翔。但梦醒后她的心情十分失落，由此可以了解到信美小时候非常向往自由，但现实中不可得。

当我和她进一步谈及小时候是否常有不自由的感受时，信美掉下了眼泪。她说，因为她的父母工作都很忙碌，哥哥和姐姐上学去了，身为最小的孩子，她不但无人照顾，还被限制只能待在家中，小小的心灵常常感受到孤单与不自由。

当时的信美只好常用幻想来陪伴自己，于是才会做这样的梦。但是，因为醒来后的世界又是一个人孤孤单单的，所以总是飞到一半就醒来，留下怅然。

☆在黑暗中飞翔

阿树的飞翔梦，总是在黑夜中进行。他描述到，每次梦中的自己都是在夜深人静时起飞，虽然自由自在，但常常担心会撞到东西，生怕自己不小心摔下来。

听他述说这个梦的同时，我已经开始为他感到心疼，因为他必须在暗地里才能自由自在地做自己想做的事，而且心中还要担心万一不小心就会被别人撞见。

然后，阿树告诉我，小时候面对家教严格的父亲，许多事情包括看电视和漫画，都得趁父亲不在时才能偷偷摸摸地做，有时不小心被发现了，还会受到严厉的处罚。所以，他的自由必须在冒险与担心中换来。

从小做到大的飞翔梦，
只有详尽了解梦中的细节，
才能揭开其中真正的含义。

梦见一只七彩狐狸
——梦的语言，象征的手法

■掉落的梦

☆从高处往下掉落

许多人都会梦见从高处坠落，老一辈常解释为那是孩子正在发育、长高。不过，成年后，这样的梦仍会常常出现，可见有比生理性长高更深的意义。

这类突然往下掉落的梦，多半反映出做梦者的心情正在无预期地经历一个大转折而往下坠落。从梦境中坠落之前的环境，可以了解做梦者心情突然低落前的处境，例如在美丽的山上、风景区、高楼、高塔、平地等，不同地点代表转折前后不同的状况。

大庆跟我说，他梦到自己正在风景美丽的山边观赏美景，突然整个人往下坠落，一直无法踩到底，之后就吓醒了。

我问他："最近有没有什么事情让你心情愉快，但之后又遇到其他事件让你心情大转弯？"他才恍然大悟："想起有次在学校受到大家肯定，许多人的回馈让我心情非常愉快，但当天一回到家，迎接我的却是父母的争吵和对我的指责，马上又让我心情跌到谷底。"

☆平地行走，突然往下掉落

大家公认个性温和、性格情绪平稳的阿信，从年轻时就一直做相同的梦。在梦境中，阿信一开始在平地上行走，但没过多久，就突然一直往下坠落，然后就吓醒了。阿信一脸迷惑地对我说："我大概每隔两个星期，就会做一次这种梦。"

我听了后问他："平稳的生活为何每隔两个星期，心情就会突然往下掉？"阿信这才道出内心长久以来不为人知的情况："我也不知为什么，常常会莫名地心情低落，因为我从小就不会说出心中的感受，也不想让大人担心。慢慢地，我变得不太在乎自己的感受，其实我的内心是寂寞孤单的。"阿信终于解开心中多年来的疑惑。

因为阿信体谅务农的父母亲，他们辛苦抚养家里八个孩子成长。排行老大又是长孙的他，从小就懂得不要让大人担心，无论是害怕还是遇到了委屈的事情，总是习惯自己忍下来，"懂事、负责，不会让大人操心"，一直是长辈们给阿信的评语，但是伴随着赞美的，却是阿信内心孤单的感受。久而久之，"报喜不报忧"逐渐成为阿信的个性。

掉落的梦，多半反映出做梦者的心情在经历一个大转折。

梦见一只七彩狐狸
——梦的语言，象征的手法

■死亡

很多人害怕梦里出现死亡，认为是悲伤或不幸的征兆。事实上，对于做梦者而言，梦中出现"死亡"的情景是一个很好的信息，它代表将自我的内在冲突、状况用最强烈的方式呈现出来，呼唤做梦者正视。

梦里的死亡通常代表自己失去了某个角色、特质，或者与他人关系的失落、断绝。而死亡的方式、过程和地点，都是解读信息中含义的重要线索。

如果在梦中是与人发生冲突后被人杀死，代表自己亲手把自我的某些特质去除；若知道杀死自己的是某个现实生活中熟识的人，如被自己的父母杀死，代表你和父母之间的关系是造成你失去某种特质的原因。

如果在梦中是自然死亡，代表某种角色或特质是长期地、慢慢地被剥夺；若是意外死亡，如死于车祸，意味着可能最近与人发生了某种意料之外的冲突，让自己某个角色或特质丧失。

死亡的方式越暴烈，代表否定和切除的意念越强烈。好比有人梦见自己拿了两把塑料椅把两名男子活生生打死，因为是近距离的接触，那两名男子都是他自己的投射，而这种残暴血腥的方式透露出他对自我的不满和否定到了极点。如果打死的是卧病在床、奄奄一息的人，代表厌恶的是自己的懦弱，想把懦弱的性格去除。

死亡的地点结合梦境的空间原则，可以判断出丧失了哪个部分。若在卧室里死亡，代表自己内在的某种特质死亡；若在室外的近距离处死亡，也表示自己的角色或特质的丧失；若梦里是在远处发生的死亡，则表示和他人关系的绝裂。相比之下，自己内在特质的死亡，比外在关系的变化，更需要去了解和探索。

不过，如果梦见的对象死而复生，例如明明死掉了，走近一看发现死者又睁开了眼睛，还坐了起来，这其实反映出自以为失去的某些特质事实上并没有真正地彻底消失。这个梦境只是突显了当下非常讨厌自己的某个部分，但不是真正厌恶自己，虽然想以强制的方法去除当下让自己厌恶的那个部分，但是没办法真正解决问题的根本症结。而且，只有彻底了解那个特质是如何形成的，才能真正加以解决。

不过要诠释梦的意义，除了梦境中的情节外，做梦者对于梦的感受和情绪更为重要。有些人梦见杀人被吓醒，有些人却可能笑着醒来，对自己成功地筛去了某些不好的性格，而感觉"非常舒服"。

☆ 自己死掉的梦

信诚常梦到自己死掉了，而且死法都不同。他认为，死亡对他而言，代表失望到了极点，从而感到绝望，或者一种关系的断绝。接下来，我将介绍信诚的四个有关死亡的梦。

梦见一只七彩狐狸
——梦的语言，象征的手法

"我掉进汹涌的洪水里，看到岸上有很多人，但没有人要救我。我只能无助地望着他们，最后被淹死在洪水中。"信诚认为洪水代表压力，所以可以了解这个梦意指他自己处于极大的压力下，四周的人只是观望但没有人帮助他。最后，信诚被极大的压力打败，心中对自己及别人感到极度失望甚至绝望。

"我和一群人坐电梯要到顶楼，可是电梯一直没停，待冲到屋顶后，开始往下坠落，最后我摔到地上死了。"顶楼代表一个人的理智层面，这个梦意味着信诚一直想要想通某些事，思考时钻入牛角尖停不下来，心情也大受影响，感到大失所望。原来，信诚是一个超爱用理智思考来控制情绪的人，常"命令"自己要快乐。一旦想破头仍无法说出道理时，整个人就会情绪失控，心生绝望。

"场景位于教会的地下室中，分小组的时候我就被自己的小组组员拿枪射杀，而且平常最安静的组员最凶狠。"教会的地下室代表信诚内在的深层信仰，而平常很少表达自己感受和想法的内在自我，狠狠地否定了自己。信诚平时会自我要求并反省自己，但最少表达自己的部分就是最压抑的部分，而这个部分累积久了就会产生自责，与自己的关系断绝了。

"我和家人站在一片高原上，身旁只有一棵树，往下看可以看到另一个国家。我感觉身在那个国家的领土上，突然右边有许多飞弹落下攻击那个国家。当我正在观看时，我的右边也出现了飞弹，我的家人往前跑，我则往左边跑。我和家人分散后，腿软地跪在地上，心中默念《诗篇二十三篇》，然后就被炸死了。"从这个梦可以了解到，信诚不想介入别人的争端中，但这一次因为别人的冲突波及了他。

死亡的方式、过程和地点，都是解读死亡梦含义的重要线索。

原来是这样子。

梦到死亡，代表自我的内在冲突和状况以最强烈的方式呈现出来，呼唤你正视。

诠释死亡梦的含义时，还要参考做梦者对于死亡的感受和情绪。

怦
怦
怦

梦里的死亡通常代表自己失去了某个角色、特质，或者与他人关系的失落、断绝。

要死啦！
要死啦！
要死啦！

梦见一只七彩狐狸
——梦的语音，象征的手法

■怀孕、生产的梦

和怀孕、生产有关的梦，代表着内在特质或外在职务、角色的酝酿或蜕变。内在特质的酝酿，像是给自己一种新的形象；外在的蜕变则包括结婚、升职等获得了新的角色、职位等。所以，男生也会梦到怀孕或生产。

怀孕象征着对于新的转变还在期待，正在酝酿给自己一个新的角色，生产则表示新生的角色或特质"已经出现"，至于在梦里出生的宝宝，透露出的是新的改变带来的结果。如果生出来的是一个瘦巴巴的婴儿，甚至不久就死掉了，显示自己虽然期待一个新的改变，但到了新的位置后十分失望，新角色的寿命十分短暂。也有人梦到产下了双胞胎，一个瘦巴巴、一个胖嘟嘟，代表现实生活中或许同时出现了两种新的可能性，但是一个不如预期，一个却超乎预期。

☆骨瘦如柴的婴儿

欣婷一脸惊恐和疑惑地告诉我："昨天我梦到自己怀孕八个月才后悔，其实不想要生小孩儿，可是已经来不及了。结果，真的没多久就生了，羊水先破，是自然产，而且还是双胞胎。其中一个小孩儿比较健康，另一个小孩儿居然骨瘦如柴到只有手掌大小。这个梦好恐怖！"

原来，欣婷在八个月前决定要结婚，最近因为新婚产生了两个新的角色：妻子与儿媳妇。她对妻子的角色适应得还算可以，但对于做儿媳妇的角色一直不能适应，甚至讨厌自己的表现。

■穿衣服和穿鞋子的梦

穿错衣服、没有衣服穿，或者穿错鞋、没穿鞋，也是梦中常常出现的主题。这类梦通常反映出当事人现在遇到了一些困境。

穿衣服是为了保护身体，衣着往往也要和身份、场合搭配，所以穿错了衣服或没穿衣服会觉得丢脸，因此是和外在形象相关的象征。一个人若梦到在出门前一直找不到适合的衣服穿，代表这个人一直不确定该用哪种形象面对外在的某一场合。

穿鞋子则是为了保护脚，若鞋子不合脚，行走能力会受到影响，所以穿错鞋的意象反映出行动力受困。

出糗是在成长各个阶段都会碰到的状况，所以从青春期到成年，都可能出现没穿衣服、被人看光光的梦境。一旦白天做了什么糗事，晚上可能就会梦到没穿衣服在街上走。

☆穿睡衣逛大街

婷婷告诉我："梦里的我在一个空间里面，好像是在户外要跟朋友出去玩。走到一半时，我才发现自己竟然只穿了一件睡衣，而且连内衣都没穿。我看到身边有一位友人，就大声地告诉他：'我只穿了睡衣出门，请帮我拿件衣服来让我遮一下。'但是，他没有帮我去拿，于是我仍然只穿着一件睡衣。突然间，我到了一个很暗的地方，那里有一辆黑色的摩托车。我立即跑过去躲在那辆黑色摩托车的后面。朋友问我：'为什么不回去穿衣服，却躲在摩托车后面？'我回答：'不知道。'但我想大概是因为躲在摩托车后面就不会有人看见，我就安全了。"

梦见一只七彩狐狸
——梦的语言，象征的手法

穿睡衣出去玩，表示形象与场合不符，连内衣都没穿就更让人难为情了。根据婷婷的描述，其友人的特质为神经大条、不在乎别人，由此可以看出她内在的冲突：一部分自觉不妥，另一部分则认为不必在乎别人的看法。躲在黑色摩托车后面，象征婷婷用比较男性化、看上去酷炫的行事风格来掩盖自己的窘态。

☆ 游泳比赛时穿错泳衣

阿文跟我说，他曾梦到和一群朋友去海边玩，本来在团体中不怎么重要的他，忽然被大家推荐去参加一场远途的游泳比赛，而且好像是代表县市、学校这种大型的比赛。这让他很紧张，结果穿错了泳衣。一直到比赛前他才发现，于是赶快偷偷去换。从更衣室出来后，他请朋友帮忙拿他的东西，但朋友们不是很愿意，再三拜托后，他留下东西，走向比赛场地，然后他就醒了。

这个梦境透露出，阿文本来自认为在团体中不受重视，但在一个轻松的情境（海边玩）中，突然被指定要负责重要的任务，因为紧张所以出了小状况，但是朋友不太帮忙，这让他觉得有点儿孤单无助。

■ 牙齿的梦

☆ 掉牙齿

根据个人经验与参考国外的资料发现，掉牙齿是梦境中一个非常普遍的象征。牙齿是用来咀嚼食物的，代表一个人的基本生存能力，当一个人连平常轻而易举就可以办到的事都搞砸时，就有可能梦到牙齿掉了。在梦中如何掉牙，掉了几颗牙，掉的是哪几颗牙，都是有特殊含义的。

有人梦见咬东西时，突然全部的牙齿都碎了，这种突然发生的牙齿碎裂，常常是因为当事人遇到了某种打击或挫折，顿时觉得自信心全无，连平时自认可以做好的事全都搞砸了。有人梦到牙齿突然全部软掉，也与基本能力的丧失或是变弱有关。

掉牙的部位不同，代表的意义也不同。如果掉的是门牙，因为门牙通常是一开口别人就能看得见的位置，所以也代表一种表现能力的丧失。如果掉的是里面的臼齿，则代表自己比较了解的内在能力在变弱。

☆自己拔牙齿

美美告诉我，她常梦到自己的牙齿碎掉，而且不是牙齿自己碎掉，而是当她用手去触碰时，牙齿就会一点儿一点儿地碎掉，直到她把整个牙根拔出。

我告诉她之所以会做这个梦，是因为她的个性中有自我否定与自我怀疑的特质，针对自己平时所做的事情，她事事要求完美，常常不满意自己的表现。

☆补牙的梦

曾有一名大四的学生与我分享了有关掉牙齿的梦。他说："我梦到自己掉了三颗牙齿，我想要把它们补起来，但是补一颗牙要两万台币，还好我手头上凑一凑刚好有六万台币。但是，在我要去牙医诊所补牙的途中，不小心摔了一跤，居然又断了三颗牙，结果补六颗总共要花十二万台币。当我正在愁苦不知该怎么办才好时，梦就醒了。"

梦见一只七彩狐狸
——梦的语言，象征的手法

我问他："是否之前觉得自己有三种能力不足，想要去补足，每补一种需要两万台币，但是最近又发现了新的不足？"他恍然大悟地告诉我："之前为了考研究生决定针对自己的三个弱势科目去补习，补一科的学费正好就是两万台币。当我好不容易凑足了六万台币后，居然发现还有另外三科也需要补习，但是我目前并没有足够的补习费。"

☆ 看牙医的梦

小修与我分享了一个令他害怕的梦。他说："前几天我做了一个梦，内容是父母带着我去看牙医，医师要我张开嘴给他检查，他看了一下。此时，另一名陌生的年轻男子走进来，医师便先帮那名男子看。等那名男子躺在病床上后，医师拿出了麻醉剂和类似小锯子、手术刀之类的工具，我见状十分害怕，便快步离开。

"但一走出诊所，我看到在大马路边上，我的父母正和我不认识的人聊天。他们彼此介绍后，闲聊了一阵，之后父母又带着我走入那间诊疗室，果然看到那名医师正打算打开男子的脑袋。之后没过多久，我就醒来了。"

这是关于小修自己内在的冲突与矛盾的梦，梦里的所有角色都是他自己的一部分。牙科医师本来是要替他治疗牙齿，因为牙齿代表基本能力，表示小修先怀疑自己某些基本能力出了问题，想办法要修正，才去看牙医。但是，自己内在的某个部分、即牙医师的角色，又质疑更深层部分也有状况，所以医师又替男子开颅。从这个梦境可以看出小修是一个会自我要求、又会自我怀疑的人。

■捡钱的梦

　　梦中的"钱"，和现实生活中的意义很相近，代表所做事情的"价值"。所以，它常常被梦拿去用作象征符号，捡钱就是一种很常见的情节。有些人常梦到在路上看到钱，自己偷偷去捡，很担心别人也看到，这代表自己在现实生活里看到了一些好处，并且比别人早发现，而先去享受这个好处。

　　还有人会梦到沿路一直有钱币，自己沿路捡，很希望别人可以跟他一起捡，但梦里的其他人都视而不见，完全看不到地上的钱币，这让他十分不解。这类梦代表了自己虽然很享受正在做的事，但也渴望能获得别人的肯定，希望别人看得到他做事的价值。可是，他只能自我陶醉，别人并不觉得那么做有什么价值。所以，当事人一方面说服自己所做的事很有价值，另一方面又觉得别人无法肯定他。

梦见一只七彩狐狸
——梦的语言，象征的手法

♥ 抽象的象征

有时梦的语言好比在玩"你来比画我来猜"的游戏，梦的数据库虽然庞杂，但也有词穷的时候，有些状况若找不到具象的符号或情节来描述想传达的意境时，就会采用一些如同造字原理的"假借""形声"等手法表达。不过，这种象征没有通适性，只属于做梦者本身特有的含义，就像猜谜一样，要诠释出来格外不易，必须要反复询问，才能产生联想。

■中立的谐音

一名热心的大学生曾告诉我，他常梦到自己要去台中荣民总医院看病，但每次去该院之前，都要先去中坜市，接下来才能再搭车去台中荣民总医院。而且，在梦境中还会出现又大又醒目的"中坜站"的站牌。这个梦令他百思不解，因为在现实中，去台中不需要到中坜换车，而且他本身也从没去过中坜车站。

后来我问他，医院代表什么意思。他认为，医院代表了和解、和谐，就是要能够把病人医治好。这时，他才联想到，自己常常扮演朋友之间的"和事佬"的角色，而每每从中调解、斡旋时，他都告诉自己立场绝对不能偏袒，处理事情态度要"中立"。他这才终于理解了梦中"中坜"的意思。

■心酸的"28"

我们常会赋予数字特殊的批注，譬如东方社会常觉得"4"是不吉利的，西方社会则有"Lucky 7"的说法，认为 7 是幸运的象征。有些人的梦里，也会出现一些有特殊含义的数字。

有位妇人曾对我说，她的梦里总是出现一连串的数字：无数的"11，11，11……"后，最后出现的数字是"28"。在梦里，那些"11"会在她的眼前跑来跑去。这个梦总是让她一头雾水。

我请她仔细回想，在她的人生中，"28"有没有什么特别的意义。她反复想了许久，都想不到有什么特别的含义。有一天，她跑来跟我说，她终于想到了，自己年轻的时候曾许过心愿，"如果 28 岁时嫁不掉，就一辈子不嫁。"最后，她在 27 岁那年把自己嫁掉了，结果换来忙忙碌碌的一生。

我再问她："那么，数字'11'会让你联想到什么？"她脱口而出："11 路公交车呀，就是靠双腿辛苦地不停奔走。"这些数字背后的意思联结上后，妇人不由自主地掉下了眼泪。原来这些数字昭告了自己辛苦忙碌的一生。

人天生就是导演、编剧、演员，白天里或许拘谨，或许迟钝，或许大大咧咧，但晚上在梦里会肆无忌惮地发挥所有的想象力和创造力，述说一个个独一无二的故事。

能懂得解开自己梦中象征符号的意义，就能更接近自己的核心，面对自己的内在本质。越了解梦的象征没有一体适用的解释，就越能了解每个人都是完整且独立存在的个体，而不会将自己的主观看法强加于他人，并尊重每个人不同的样貌，用心聆听别人的故事。解梦的意义不仅在于认识自己，更在于接受他人。

梦见一只七彩狐狸
——梦的语言，象征的手法

梦 的 十 种

性 格 解 析

第三章

从梦见卡通怪兽到爸爸身上插把刀

——梦的成长史

人的成长历程不仅反映在生理和心理上，也忠实地映照在梦里，而且梦会随着人的不同发展的阶段演进而呈现出对应的形态。

👑 梦的演进

　　从幼儿期单纯只在乎外在世界的梦境开始，随着年龄的增长，梦境会慢慢发展到在乎自己的形象如何呈现。成年后，人的内在角色越来越多元且趋于复杂，梦境也会随之发展出丰富且变化多端的情节。

　　孩童时期的梦单纯又直接，开心和恐惧都不会掩饰，都在梦境里直接表达。描述到自己比较在乎的人时，也会使用象征符号来替代，不过使用的符号浅显易懂，很容易联想。进入小学高年级时，随着人格自省开始发展，会在乎自己的形象和外界的眼光，关乎内在的梦境便会渐渐出现。

　　随着人生历练和社会经验越来越丰富，接触的信息形态越来越多样化，梦的数据库充实而多变，成年后的梦也越来越多元，并且越来越往自我角色、性格和内在冲突的方向发展。但是进入老年期后，对复杂的东西开始出现"弹性疲乏"，内心牵动回归单纯，于是梦又慢慢趋于平淡。

　　虽然梦境会伴随年龄的增长而逐渐往复杂且更深入内心的方向发展，但成人有时仍会出现儿时简单的梦境。但小孩子做的梦中，不大可能出现大人那样复杂并且描写内心感受的情境。

　　梦中符号象征的复杂性与社会化程度有关，在单纯的环境中成长的人，生活经历若太过单一，有可能较慢觉察到自己的内在，所以就算成年了，梦境也有可能像孩子一样单纯。有些害怕长大的人，永远只会在乎别人，却看不到自己内在的需要，他的梦境里可能就像个孩童般，常出现怪兽、卡通形象等幼稚的象征符号。所以，观察一个人梦的形态，就能了解他成熟的过程是否顺利和完整。

👑 幼儿时期到小学低年级的梦

　　人从呱呱落地的那一刻起，主要照顾者就是他们生活世界的重心。在缺乏能力照顾自我的幼儿阶段，与生存相关的大大小小的需求，只能依赖父母或主要照顾者。肚子饿了就哭，需要有人喂他们喝奶；玩累了就哭闹，得有人哄他们入睡；无聊时，期待有人陪伴玩耍；心情不好时，需要有人逗他们笑……简言之，在幼儿的世界中，照顾者是他们不可缺少的"重要他人"（心理学中的一个词汇，指在每个人生命成长的过程中对其产生过巨大影响的人）。

　　日常生活中的每一时刻，孩子都关注着围绕在他们身边的最重要的人的反应。照顾者的一举一动、喜怒哀乐，都深深地影响着幼儿的心情。因为这些人对小孩儿而言是如此重要，以至在孩子的心中会为他们留一个独特的位置，寻找一个合适的象征形象。所以，幼儿期不同剧情的梦境中所呈现出来的象征，几乎都在反映这些照顾者的形象。

　　例如，梦中非常凶猛的狮子可能象征性情暴躁的父亲、妈妈或外公外婆。有个小女孩儿曾梦见机器人在不停地工作。一问才知道，在她心里，机器人代表坚强、能力强、一直忙着工作的人，而这些特质正是她的妈妈所拥有的。

　　另外，令幼儿害怕的环境也会出现在梦境中，利用一种特殊的象征在梦中表现出他们的恐惧，例如夜晚乡间小路两旁的树，在梦中化身成为舞动的精灵或鬼怪等。

从梦见卡通怪兽到
爸爸身上插把刀
——梦的成长史

❤ 红色卡通喷火怪兽

曾经有个小男孩儿梦见一只全身通红的卡通怪兽，口中不断地喷出火焰来。每当怪兽出现，他必须小心地躲起来，否则可能被火喷到。但是，只要有超人出现，怪兽一下子就会被超人驯服。

在了解了他的家庭互动情形之后才知道，原来对他而言，红色与喷火是生气和愤怒的象征，生活中的妈妈就像喷火怪兽一样常常会生气。他在妈妈生气时必须小心地躲开，否则就会被骂或被打。他告诉我，梦中的超人其实就是他的父亲，只要爸爸一出现，妈妈就会脾气缓和，慢慢冷静下来。

他还告诉我，爸爸是用独特的方法 ——甜言蜜语来安抚妈妈的情绪的。对一个面对妈妈的情绪束手无策的小孩儿而言，爸爸安抚妈妈的能力简直就像超人啊！在小孩儿的梦中，超人平常可能象征能力超强的大人，但这种超能力不一定如我们所想的强势可怕。

❤ 摆脱不了的女鬼

有一位忧心忡忡的母亲带着她的儿子来找我，因为小朋友常常梦到女鬼。与他独处时，我先问他女鬼的长相如何，他说女鬼留着长发，但长相漂亮并不可怕。

我问他既然长相不可怕，那他如何断定她是女鬼。这个可爱的小孩儿马上用很坚定的口吻告诉我："我当然知道她是女鬼，因为我无论向前或向后、向左或向右，她都会出现在我的前面，瞬间移动速度太快，我根本无法逃离她的监视，她不是女鬼是什么？！"我试着问他："生活中有谁留长发长得又很漂亮，而且不管你做什么事，她都会不断地关心你？"他不假思索地回答我："妈妈！"当我再次问他："那你仔细回想看看，这个女鬼的气质跟谁很像呢？"他腼腆地笑着回答："妈妈！"当他明白过度关心的妈妈在梦中出现的方式时，他放心地笑了。当然接下来，我用了更多的时间去了解和照顾这位焦虑的妈妈。

♥ 令人讨厌又可爱的蛇

我在美国求学期间，通过自己女儿的一个简单的梦，了解到她的心境与压力。一天早晨，当时在上幼儿园的女儿告诉我："爸爸，我昨天梦到了三条蛇。"我耐心地问了老半天，词汇有限的女儿还是说不清楚，我索性叫她用画来表达。

不久，女儿拿给我一张画纸，上面用彩色笔画了三条七彩的蛇。第一条蛇最大，另一条属于中型的，最后一条则是小蛇。我问她："对蛇有什么样的感觉？"她说："我不怕蛇，但蛇很麻烦，因为滑滑的很难抓。"我再问她："为什么蛇是七彩的？"女儿说："梦中的蛇真的很美，比我画的还美，我好喜欢它们的色彩哦！"

我听出了女儿心中的矛盾，就问她："现在有三个人让你觉得很烦，但你又好喜欢他们，有两个大人，还有一个小孩儿，那会是谁呢？"只见她诡异地笑了。因为大蛇与中蛇分别代表我与太太，而小蛇就是小她两岁的弟弟。因为当时自费在美求学，凡事都需要节省，我们只租了一室一厅仅有一套卫浴的公寓，一家四口生活在"好窄"的空间中，一举一动常会互相干扰，但都是她最亲近的家人。通过这个梦，让我有机会与女儿好好谈了谈她内心的感受。

♥ 令人害怕的压土机

有时候，孩子们梦中编织的重要照顾者的形象，不一定全都以动物的样貌呈现。

很多年前，有个小男孩儿告诉我，他做了一个奇怪的梦，在梦中他生活在一个如同棋盘的黑白格子中，而且他只能待在隔间中，不能到外面来。只要他一探出头来透透气，就会有一辆压土机开过来要压他，他要马上躲进格子中，才不会被压到。

于是，我和小男孩儿聊了些有关家庭组成以及他和家庭成员之间互动的情形。当谈到生活中黑白分明的规矩是谁定出来的时候，只见男孩儿稍稍迟疑了一下。这时，坐在他旁边的弟弟马上脱口而出："爸爸！"经过与男孩儿进一步恳谈（恳切交谈）后才知道，原来严格的爸爸除了制定了严格的规矩外，只要孩子不小心逾越时，爸爸马上就会压制他们，正如同梦中的压土机一般。

❤ 用心唱歌给妈妈听的小女孩儿

很多年前，一个小女生婷婷所做的梦，虽然内容非常简单，但解梦结果给我留下了极为深刻的印象。

某一次，当我和别人谈论到梦的时候，当时才上小学一年级的婷婷在一旁听得很出神。当我与大人谈完后，她伸手拉拉我的西装，轻声但兴奋地告诉我："老师，老师，我也有做梦哦！"然后她说："我梦见自己在唱歌给坐在远处沙发上的妈妈听，我很用心，很卖力地唱，最后妈妈终于露出了笑容。"

小孩子的梦其实都很简单，几乎都和"重要他人"有关。我蹲下来，很认真地看着她说："婷婷，你很卖力很努力地要让妈妈快乐。你还那么小就要那么认真地让妈妈快乐，我好心疼你……你很辛苦。"没想到婷婷一听完，两行热泪如同自来水般往下流。

和婷婷的亲人谈完后我才知道，原来她爸爸在家中时常对母亲施加语言暴力及肢体暴力。长久以来，婷婷一直感受到妈妈在这样的家庭中受尽辛苦与委屈，她始终觉得自己有责任要让妈妈快乐起来。通过一个简单的梦，让我和小女孩儿之间建立起了沟通的桥梁，让我有机会继续关心她。

♥ 无法救爸爸的女孩儿

　　女大学生孟如与我分享了一个她儿时的梦境。小时候，她曾梦见自己和姐姐要一起去找爸爸，走着走着，她们就走到了幼儿园里。她和姐姐都搞不懂，为什么她们会跑进幼儿园找爸爸。平日能够快乐自在玩耍的幼儿园，在梦中突然变得很阴森很恐怖。两姐妹继续往前走，想在阴森的幼儿园中找到爸爸，最后终于看到坐在角落里的爸爸背对着她们，不晓得在看什么东西。此时，爸爸面前竟然出现一条很大的裂缝，她和姐姐眼睁睁地看着爸爸掉下去，她们完全拉不到也来不及拉住爸爸。

　　当我问及幼儿园给她的感觉如何时，孟如告诉我："小时候，我觉得幼儿园是愉快且充满欢乐的地方。"可是，在孟如的梦中，爸爸背对着她，这代表现实生活中她的爸爸可能被某件事迷住了。于是，我再问孟如："爸爸在你小时候是被什么东西迷住了，才让原本愉快充满欢乐的地方变得阴森恐怖？"孟如闻言开始哽咽。

　　接着，她娓娓道出，爸爸在她们小时候迷上了六合彩，还同时存在酗酒问题，让原本很快乐的家庭变得愁云惨雾，还常常出现争吵。当时的孟如心里充满了内疚，因为眼睁睁地看着爸爸不停地沉沦，自己却完全无力去拯救爸爸。

　　这个梦境道出了孟如幼年时感受到的家庭变化与心中的无助。原本她以幼儿园来象征的快乐的家，在梦中却变成了阴森可怕的场景；爸爸背着她们出神地盯着某样东西，象征爸爸沉迷于酗酒和赌博；最后，看着爸爸掉入大裂缝却来不及拉住爸爸，象征她无法及时拉住沉沦中的爸爸。当小孩子眼睁睁看着家中某一成员沉沦，却无法提供帮助时，往往都会在心中产生很深的歉疚感，所以这个梦境一直到孟如成年后，仍然令她印象深刻。

❤ 高塔的梦

奇璋在小学的时候常梦见自己睡在吊床上，一开始睡得很舒服，但是没多久，奇璋就预感似乎有事情要发生了。果然，他往下一看，高高的吊床被绑在了两座好高的尖塔顶端上，而且还开始晃来晃去的，让他胆战心惊，最后他还从床上摔了下去。

我问奇璋："在你小时候，会有两个人把你撑起来，让你觉得很安稳、很舒服。在你的生命中，常常会赞美你、拥护你的人是谁呢？"奇璋回答："当然是爸妈啰！"我接着又问："可是，你最常担心自己的表现让谁失望？"奇璋则回答："也是爸爸妈妈！"

原来，奇璋用吊床来表示当自己表现优良时的舒服感受，而爸爸妈妈的支持和肯定是撑起自己的两座高塔。自己表现好时父母赞赏，但表现稍有退步时父母就会失望，对他的态度落差太大。所以，奇璋自小就常告诉自己，表现好时也不用太高兴，因为随时都可能让父母亲不满意而从云端摔下来。这种经验慢慢转化成认为自己的表现会有预期性的失败产生，这也变成了奇璋自幼就养成的特质。

❤ 妈妈骑自行车经过爆竹工厂

宥芳与我分享了她儿时常做的一个梦。在梦中，她的妈妈一个人在骑自行车，地点都在荒郊野外或海边，而且只要妈妈每次骑自行车经过一家爆竹工厂，没过多久那里就会发生爆炸。爆炸的范围非常广，连宥芳都会被波及。

我问宥芳："当你看见妈妈一个人在野外或海边骑自行车时，有什么样的感觉？"宥芳不假思索地说："是荒凉、孤单的，让人好心疼。"这个梦境透露出宥芳小时候常常能感受到妈妈的孤寂，并且十分心疼妈妈。我又问她："哪一个人会让妈妈倍感压力，而且只要一遇到，没过多久就会整个爆开来？或者说，你觉得谁像那家爆竹工厂，制造最多的压力给妈妈？"宥芳缓缓吐出："是奶奶……"

原来，宥芳的奶奶常常用尖酸刻薄的方式和她妈妈说话。她的妈妈碍于自己做人家的儿媳妇，即使被骂被嘲讽也不会回嘴，只有等到爸爸下班回来，才会向他一吐苦水，于是父母常常因此发生争吵。父母两人的情绪都不好时，当时还是小孩儿的宥芳十分害怕会因此受伤。

这是一个象征成长过程非常辛苦的梦，孩子一方面感受到爸爸和奶奶是同一国的，就如同一家爆竹工厂，妈妈则是自己孤立一人，因此心疼和不舍妈妈，但是另一方面，自己也无法避免在家庭争吵中不被牵连。

♥ 会开车的小孩儿

大伟与我分享了他小时候的梦，他回忆说："我常常梦见晚上，有时候还是下雨的夜晚，和爸爸或妈妈开车或骑车外出，忽然间他们消失了。于是，我赶紧战战兢兢地接手开起车或骑起车来，但是我心里又想，自己都没学过，竟然会开车或骑车，又有点儿小得意。我从小就一直期待自己十八岁时可以考到驾照，可能多少会有点儿影响吧！"

聆听大伟的梦时，我打心底里怜惜他的早熟。与他聊到小时候的家庭生活时，发现果然如我所想的一样，他有一对辛苦的父母，而自己是个爱莫能助的小孩儿。

大伟的父母工作和收入都不稳定，常常为了钱发生争吵，当时的他完全帮不上忙，能做的只有把自己照顾好，不要造成父母的负担，并且立志要快点儿长大赚钱给他们。当父母晚上去聚会不在家时，年幼的大伟都会自己在家帮忙打扫和晾衣服，独立做好家务活儿，完全不必父母操心，就像梦中的他虽然未成年，但能自行开车或骑车一样。

通过小孩儿的梦，我们可以很快地进入孩子的内心世界，了解他们的生活中到底出现了什么状况以及他们目前面对的最大的压力源究竟是什么。虽然我们不一定马上就能解决孩子的困境，但我们可以借着陪伴他们，在了解与接纳他们心境的过程中，让他们感受到自己被在乎和被疼惜。

身为协谈助人者，在照顾小孩儿时，若能因为听得懂他们的梦，而在他们心中产生"你懂我"的那种感受，就能慢慢赢得他们的信任。一旦彼此间有了信任感，那接下去的关怀就会顺利许多了。

从梦见卡通怪兽到
爸爸身上插把刀
——梦的成长史

成年后的梦越来越多元，并且越来越往自我角色、性格和内在冲突的方向发展。

孩童时期的梦单纯又直接，都在梦境里直接表达。

请给我猫罐头！喵～

请给我糖糖！谢谢！

进入老年期后，对复杂的东西开始出现"弹性疲乏"，内心牵动回归单纯，于是梦又慢慢趋于平淡。

请给我猫罐头！喵～

请给我糖糖！谢谢！

进入小学高年级时，会在乎自己的形象和外界的眼光，关乎内在的梦境便会渐渐出现。

所以，观察一个人梦的形态，就能了解他成熟的过程是否顺利和完整。

随着人生历练和社会经验越来越丰富，梦的数据库也会充实而多变。

梦库

1 2 3 4 5 6 7 +n

梦　梦　梦

👑 小学高年级的梦

这个时期的小孩儿开始会在乎大人是如何评价他们的，自我形象大部分是由"重要他人"对小孩儿平常表现的评价所塑造的。也就是说，借由照顾者所表达出的他们眼中看见的小孩儿，开始一点一滴地认同自我的形象。

例如，一个用贴心来吸引父母注意的小孩儿，不断听到父母说出鼓励的话语，比如"这孩子最懂事、最贴心，从来不用我担心"，久而久之，他心中的困扰、难过，就不会说出来给父母听。而一个不断借由捣乱来转移父母争吵的小孩儿，在父母的交相指责下，也会慢慢地认同自己就真的是一个捣蛋鬼。

有的大人会骂自己的小孩儿笨，是怪胎、胖子、爱哭鬼……这些负面的评价会深深伤害小孩儿的心，小孩儿的自我形象也会因此受损。当这些负面的自我形象渐渐形成时，小孩子会不自觉地越来越讨厌自己，在梦中这些自我形象会变形，化作各式各样奇怪的象征。

❤ 被蛇紧咬不放

婷芳在一次会谈中分享了她小学时期的梦。在梦中，有一条蛇不停地在追她，最后紧紧地咬住了她的手。不管婷芳如何用力地拉或甩，都无法摆脱那条蛇。醒过来之后，婷芳还心有余悸地甩了一下手。

依据梦的距离原则，紧紧咬住她的手的蛇，其实是婷芳自己的一部分。因此，我问婷芳，在她小学做梦的那个阶段，是否常常会感到自责或讨厌自己（因为蛇在梦里攻击自己）。婷芳点了点头，叹了一口气说，她小时候因为自己是女儿，而且排行在中间，老是被家人忽略，因此经常想出不同的点子来调皮搞怪（像蛇一样），从而引起大人们的注意。结果，这样做的下场就是经常会引来大人的责打，为了争取别人的关照而不择手段，可是又因此更加讨厌自己。

♥ 拒绝改变的灰姑娘

圣美在她小学五年级时，梦见自己遇见了灰姑娘。在梦中，她看到灰姑娘穿着破旧的衣服，她好心想帮灰姑娘换一件好看一点儿的衣服，但都遭到拒绝。依据圣美的解释，她觉得虽然灰姑娘目前的生活很辛苦，但将来幸运之神降临时，美梦一定会成真。

这个梦境反映出，小学五年级的圣美，内在的自我是充满矛盾和冲突的，一方面她想要改变低落的自我形象，另一方面内在的自我却拒绝自己想要改变形象的要求。梦里的灰姑娘正是她自己的投射，一个自我想替自己换新衣，而另一个自我却断然拒绝，心底里认为："怎样，我就是要保有灰姑娘的形象，有一天我一定会变美丽，而且会有白马王子爱上我。"这个梦境显示出小小年纪的圣美心里却有着十分执拗的一面。

♥ 一闪一闪的骷髅

　　有位母亲与就读高中的女儿一起来上我的解梦课，女儿述说了记忆中儿时的第一个梦："我梦到妈妈在不远处站着，一下子是她，一下子变成骷髅，还一闪一闪的。我慢慢地靠近妈妈，握住她的手，结果我就变成跟她一样一闪一闪的，一下子是人，一下子又是骷髅，不断地变化。"

　　询问后得知，她对骷髅的感觉并不是害怕，而是认为它没有生命，无法去感受。我感受到这个女儿心底的苦，因为妈妈常常无法了解她的感觉，而渐渐地，她自己也受到影响，与妈妈一样失去了感受他人的能力。

　　妈妈在听完女儿的梦后眼眶泛红，她说自己的原生家庭从小至今都为了钱不停地吵闹，让她长期担忧并且要出面调解家人之间的冲突，因此她无法好好照顾自己的情绪，也常常会忽视女儿的情绪。这个梦境让母女俩人正视了自己心底的结，因而有了更进一步地了解与接纳彼此的机会。

♥ 被怪兽追、被蚊子叮咬

　　朱医师某次与我谈话时，回忆起小学时期一个相当令他不解的梦。他说，有一次，他梦到了被一只怪兽追，就在快要被追上时，有一只蚊子飞到他手上，叮咬他并吸了他的血。奇怪的是，被蚊子叮咬后，怪兽就慢慢远离他了。

　　因为怪兽一直追到离他很近的地方，蚊子还叮咬到了他，所以怪兽和蚊子都是朱医师小时候自己的一部分。我问他："记不记得那个时期令自己害怕和恐惧的事情有哪些，被蚊子叮咬并被吸血的感觉又如何？"他回忆说，当年有许多内在的害怕与恐惧，包括严格要求功课表现的母亲，父母失和吵架的阴影以及自己面对他人时的内向害羞等。在梦中被蚊子叮咬，虽然没有造成严重的伤害，但是让他感到非常疼。

　　我进一步了解到，当时他在面对这些压力的时候，没有人可以和他畅谈排解，他的情绪完全没有出口。我随即问，当时感到恐惧和害怕时，会通过哪种行为来轻微伤害自己，但是能够转移、释放紧张害怕的心情。他不好意思地回答："咬指甲，而且直到现在只要一紧张，就还会偷偷地咬。"就像在梦里，蚊子叮咬自己一样。

在梦中，小孩儿的自我形象会变形，化作各式各样奇怪的象征。

到了小学高年级，小孩儿开始在乎大人是如何评价自己的。

比如，梦中紧咬住手不放的蛇，可以用来象征调皮搞怪的自己。

借由照顾者所表达出的他们眼中看见的小孩儿，开始一点一滴地认同自我的形象。

而通过用力甩或拉来摆脱蛇，表示常常感到自责或讨厌自己。

走开！

啊！

走开！

被大人责骂爱捣乱的小孩儿，慢慢地就会认为自己真的是个捣蛋鬼。

从梦见卡通怪兽到爸爸身上插把刀
——梦的成长史

👑 成人的梦

随着年纪渐长，到了青春期后，人们开始意识到迈入成人世界的自我有不同的角色要扮演，内在自我开始呈现和产生不同的样貌（面具）。因为角色间切换的复杂度增加，内心世界的矛盾与冲突自然渐渐加剧。

成人期的梦境会渐渐从孩提时代与外界互动的情节，转移到内心世界的波动，像自责、自我要求改变、自我感觉良好或低落、内在矛盾与冲突等复杂的感受，都会被巧妙地编织成一出一出剧情不同的戏码，在梦境中尽情地上演。特别是进入壮年期，这个阶段是人一生中压力最大的时期，也是梦最多、最丰富的时期。

为了表达当事者内心的真实状态，梦境会创造出许多不可思议的变化，甚至不合常理地切换场景，从而寻找到可以间接呈现内在自我的象征。如果一个人从小就经历了许多残暴、血腥、可怕的事件（比如家暴），往后当此人在梦中需要释放自己对暴力的恐惧害怕，但找不到比较合适的象征时，就会尽量去寻求感官的刺激，好为梦境寻找素材。所以，有些人喜欢看恐怖片或充满打打杀杀的暴力影片，就是因为这些剧情很适合"入梦"，可以成为梦的象征来源。

不明就里的人，可能误以为当事人是因为平时看多了恐怖片，才会常做这些恐怖的梦，实则刚好相反。会做这些梦，多半是源自于当事人的内心与这些剧情有隐藏性的联结。若是平常心里较平和的人，也许在看恐怖片的时候会被吓一跳，但事后并不会在内心造成太大的影响。

由此可以进一步了解，当一个人受到某些人、事、物的吸引时，其实正好显示出他自己内心的需要。因为我们内在已经存放了一些"自我形象"，某人若刚好可以投射出这些内在的自我形象，我们就会对此人特别有好感，或者特别讨厌他。

一名内心本来很细腻的男子，可能因为性别的枷锁，怕被人嘲笑而不敢显露出来。日后若他遇见一个感情细腻的女孩儿，自然很想靠近她。在这种状态下，这名男子很可能就会梦见自己和那个一见钟情的女孩儿在梦里拥抱，而"拥抱"就是男子创造出来的象征，代表接纳自己与该女孩儿相似的特质。

反之，若是某种让自己感到讨厌的特质，如遗传的父亲的易怒，也可能会以靠近另一个呈现易怒特质的人，并试图改造和感化他来呈现。这是因为自己的愤怒可以和对方相对应，所以会将对方列入自己的梦境中。若对方或自己无法接受并要慢慢改变易怒的特质，甚至可能在梦中出现弑父的情节，而"弑父"的动作其实是想除掉自己和父亲相同的易怒性格。

♥ 打杀的梦

一个人的性格转变过程与方式因人而异，有人长期为了适应环境，如父母的专制、工作节奏的要求等，被迫改变自我；有人因为处境突然改变的打击，如失恋、亲人去世、失业等，而产生性格的突然转变；有人则强迫自己改变，来得到自我满意的个性；还有人因为在人际相处的过程中被他人影响，渐渐改变了自己的性格。

在梦中与别人打打杀杀，通常就是在述说强迫自己改变内在的典型梦境。因为极端厌恶自己与父母等长辈性格中的雷同之处，加之不了解个性的形成需要经过一个漫长且潜移默化的过程，此时人便会天真地想要采用"立志"的手段，强迫自己的个性得到改变。这种强迫自己改变的方式会对自己的内心造成极大的压力。还有一种性格中存在完美主义倾向、容易自责或自我感觉低落的人，在梦境中也常常会有打杀的情境出现。

■和父亲打架的梦

三十几岁的清和，因为常常被梦吓醒便来找我答疑解惑。

清和说，他常梦见自己和父亲打架，场景位于山崖上。两个人打得非常激烈，梦中的他用双手紧紧掐住父亲的脖子，想置他于死地，但是怎么也做不到。后来，他竟然试图把父亲推下悬崖，试了几次后，终于把父亲推下去了。但是，即使看到父亲已经坠崖，他还是觉得不放心，决意一定要看到父亲的尸体才行。

于是，他顺着山崖旁边的一条小路走下去，先是看见一个很深的水潭，但在四周没有发现父亲的尸体。他想靠近水潭看个仔细，然而在观看水潭的时候，有个黑影非常缓慢地从水潭下面浮了上来。顿时，他的心里有种不好的预感。突然，"啪"的一声，那个黑影冲出水面，径直站立到他的面前，瞬间他就被这个景象吓醒了，因为梦中的那个黑影就是他的父亲。他醒来之后，内心充满了罪恶感，自责怎么可以有杀死父亲的念头。

　　当个性改变时，在梦中常会出现挣扎和矛盾的感受。清和因为梦到了"弑父"，内心十分不安，我先安抚他："这个梦和你的父亲没有关系，只和你自己有关，因为在梦里面，靠近你的、接近你的，都是你自己。你想杀死的并不是你的父亲，而是一部分很像父亲但你非常不喜欢的特质，所以你想置'它'于死地。"

　　接着，我问他："在你心中，父亲的特质是什么？"他说，父亲最令他不舒服的就是暴躁的脾气。我告诉他："其实，你的内在也有这种特质，只是你一直努力地想要改变，想把这种特质压下去或彻底除去。"

　　根据他梦境中的情节和画面显示，他其实已经为此挣扎了一阵子，最终发现无法有效地改变这个特质，于是干脆就把它封到最底层，如同要置它于死地一般，但同时他又害怕这个特质没有死得很彻底。

在自我探索的过程中，他有一阵子曾经自我感觉还不错，但是最近觉得这个暴躁的特质又突然活了过来。于是我问他："你最近是不是坏脾气又发作了？"当我一说完，他脸色一惊说："老师，你怎么知道？！"原来，他长久以来一直告诫自己不要像父亲一样暴躁，因此不停地压抑自己的情绪。可是，他发现这样也不是方法，于是从压抑变成彻底麻痹和强迫自己对任何事都不要有"感觉"。如此大概持续了三个月，这期间他觉得自己表现得很好，什么情绪都没有。可是三个月后的某一天，有人说了一些话踩到了他的地雷。于是，"轰"的一声，他的暴脾气就又回来了！

其实，那个黑影浮上水面的过程，代表他隐约感觉到某种不太确定的东西仍旧存在。然而，直到深深压抑的情绪被人诱发出来，即梦中的黑影完全出现，而且竟然发现是父亲，代表他曾经想压抑的、和父亲一样的暴躁特质又跑出来了。

我告诉清和，压抑情绪是无效的，用强迫的方式改变自己也是无法长久的。我请他和我一同照顾从小他在爸爸的暴躁脾气下所受的伤，只有这样才能让伤口得到痊愈。就这样，我陪他走过了一段自我照顾的路，他才慢慢从这种阴影中走出来。

■爸爸被人追杀

某个晚上，信雄被噩梦惊醒，在与我谈论这个梦时，还心有余悸。他说："我梦见父亲被人追杀，那些人我似乎认识。父亲问我要不要帮他逃跑，我就跟父亲上了货车，他负责开车，我在旁边帮他掩护。一路上，我还在开枪射击、拿刀挥舞。对方有很多人，一直紧追不舍，最后我们的车子被拦了下来，父亲在那时被他们杀死了。等到警察到达后，我赶紧找机会把枪藏好。"

经过与信雄讨论，他告诉我，他的父亲是个十分有主见但一固执起来就会与人起冲突的人。信雄从小就立志不要有与父亲一样的性格特质，因为这种特质会造成别人的不舒服，还会令人讨厌。因此，当他的观点与别人不同，又想坚持己见时，内心会有一股力量压制自己。最近，恰好信雄与好友因为某件事情出现了意见分歧，因为忍不住长期的压抑和退让，信雄与朋友爆发了激烈的冲突，事后他感到非常自责。

这一连串的矛盾和冲突都被他安排到了梦里。例如，梦里有许多人追杀父亲，这反映出他十分自责，讨厌自己和父亲一样暴躁，并且想要消灭这样的特质。在现实生活中，信雄则利用工作进行自我逃避，投射到梦中便是在开货车假装忙碌，在此期间，他还必须不断回击来自内心的攻击，只是最后没能抵挡住自我攻击的压力，就在那时信雄坚持自己没错的心境终于瓦解，即梦中的父亲被杀死了。最后警察角色的出现，代表内在维持秩序的特质出现，要来收拾内心的残局。简单来说，信雄是一个极端自我矛盾冲突的人，但他又要求自己的内心不能有矛盾冲突。

从梦见卡通怪兽到
爸爸身上插把刀
——梦的成长史

■爸爸身上插着一把刀

晓蓉梦见走进房间时，看见父亲躺在地上，身上还插着一把刀，显然
父亲是被人杀死的。她转身往旁边一看，发现母亲也躺在地上，但是弟弟
的脚一直踩在母亲身上，不让母亲爬起来。这个梦虽然短暂，但是晓蓉醒
来后，很久都挥之不去，感到困惑无比。

然后，晓蓉向我这样描述：在她眼里，父亲是脾气暴躁的大男人，母
亲则是努力辛苦又认真的传统女性，弟弟则从小就是一个活泼外向、爱玩
的小孩儿。

听完之后，我发现这个梦其实反映出当下晓蓉内在生命的状况——
她正在压抑自己脾气暴躁的一面，希望能彻底将坏脾气从生命中抹掉，
但是当时自己有点儿爱玩，因此试图用此形象来掩饰自己如母亲般辛苦
认真的特质。

听完我的解释后，晓蓉露出了笑容。原来，晓蓉心中虽然也有如弟
弟活泼爱玩的特质，但她从小一直都是个认真的好学生，尽力克制自己。
然而，自从进入了专科学校，她看见同学们都生活得自在轻松，自己也
想和他们一样，于是就也期待自己要放得开、轻松点儿，凡事不要太过
认真。

■房客杀人

晓彤是一位外表看起来安静温顺的中年妇女，在第一次会谈时与我分享了她的梦。她描述到："梦里有一对夫妻带着女儿一家三口租屋而居，先生属于比较软弱的人，房东夫妻则都是高级知识分子，待人也很和气。我看见房客先生双手沾血，惊恐地与他的妻子说话，他们的女儿也在场。当时的情况似乎是先生误杀了人，妻子一直在规劝他快去跟房东自首。

"一阵对谈后，先生也很懊悔，决定听从妻子的话去找房东。当时房东与他的朋友在外头聊天，房东太太则在书房工作。要自首的房客先生经过书房，渐渐靠近房东太太，房东太太起初没有察觉到异状，直到看到房客先生双手沾满鲜血才开始紧张。此时，房客先生就对房东太太不礼貌。梦里的我当下也很紧张，心想为什么房东还在外头聊天，不快点儿进来赶紧制止。然后，房东终于出现，和他的朋友一起把房客先生抓起来，倒栽葱式地将他砸向玻璃桌，梦里的画面还出现了慢动作的镜头。"

说完了她的梦境，晓彤继续补充："在梦中，我清楚地看见每一个人的情绪和表情，房东太太的哀痛害怕，房东的气愤，房客太太和女儿的不安与无奈，房客先生的懦弱、无奈和贪婪。在梦中，我觉得自己有时是看故事的局外人，有时又仿佛就是房东、房东太太、杀人的房客先生，又或者房东的朋友，但并不知道究竟谁被房客先生杀掉了。最后，房客先生被摔出去后，应该不是重伤就是死亡吧，但他的太太和女儿再没有出现过。"

从梦见卡通怪兽到
爸爸身上插把刀
——梦的成长史

从晓彤对梦境的描述中，可以感受到她内心极端矛盾的交战。她不停地在不同的角色和特质之间切换，存在于她的内心的两组人物——房东夫妻和房客一家人，是她生命发展不同时期的影响者所产生的投影，应该是由她与父母的互动所形成的，包括父亲的懦弱、无奈和贪婪，母亲和她的女儿的不安与无奈，其实这些特质都已经化为她内在的一部分。在梦里她清楚地感受到，房东夫妻属于高级知识分子，象征着她虽然身处在困境中，但内心还存有不断要求自我提升的期许。

当我们越是强迫自己要压抑，或者越讨厌自己的某一部分，在梦中就越容易用"打"和"杀"来表现。如果不用强硬的方式来改变，可能会让想除掉的部分自然死亡。相反，越是压抑性格的人，梦中的场景越会非常残暴和血腥。

还有一种杀人的梦反映的是不同的心理状态。他们在梦境中虽然清楚地感受到自己杀了人，但完全看不到杀了谁，实际上，这种梦不是在强制改变自己的内在特质，而是在描述自己无形中伤害了别人。

■杀人无数

立德描述，他在梦中突然进入某一场景中，眼前的画面是灰暗的，时间好像是在晚上。他意识到自己杀了人，但不知道是谁被杀，也不知道死者是男是女，地点在哪儿也不清楚，他只知道突然间一切都发生了。梦中的他知道，自己过去曾杀害过人，甚至多达几十人，但是警方还不知道这一情况。不过，这一次和以往不同的是，他感到特别害怕。

他继续描述，梦中的自己还想到，如果要坐十年牢，就会失去现在的一切，包括女朋友、工作以及生活中许许多多得来不易的东西。"自己也努力地思考着，过去都能够逃过，但这次为何不行？"立德一边努力控制和压抑着内心的恐惧感，一边快速思考处理的方法，甚至还想要用力恢复意识，以判断当下是在梦中还是在现实中。最后，他输给了梦，将一切视为真实，以为自己真的犯了大罪，以为自己杀了人，直至醒来才知道这一切都是梦。

和立德详谈后发现，他个性强势，脾气不好，在过去的人际互动和关系中伤害了许多人。梦中杀的人都是他自己身处的环境中曾伤害过的人，而意识到曾杀过几十个人，象征他在某个团体中伤害他人的行为。但是，过去他不愿正视这个问题，所以伤害别人的情境从来没有被自我检视，即梦中警察的角色未曾发现。

做梦前不久，他发现连自己最在意的妈妈也被他伤害，自责与罪恶感才浮现出来，惊觉自己竟然无法如以前一样忽视，生怕这种强烈的自责会让他无力面对目前的生活。梦里以被抓去坐牢反映出他害怕把自己封闭起来，失去现在所拥有的一切。

从梦见卡通怪兽到
爸爸身上插把刀
——梦的成长史

■自杀的梦

杰森做了一个恼人的梦，隔天便跑来找我倾诉。他说："我昨晚梦到已经离婚的爸妈居然还跟我们住在一起。爸爸一直在嫌弃我，觉得我很笨、很糟，妈妈则叫爸爸不要这样说，因为我会难过，可是妈妈的眼神中充满了怜悯。他们一直拿我跟姐姐比较，姐姐则默默地坐在一旁没有说话，眼神中也同样带着同情和怜悯。家里谁都没有帮我讲话，我就一直被爸爸叨念，最后自己受不了了，便打开窗户跳楼自杀了，自杀前还诅咒了我的家人。"

听完杰森的梦之后，我的内心为他感到深深的痛，因为他的不同角色在不断地嫌弃或同情自己。与爸爸相似的部分，主观强势，会攻击自己；像妈妈的那部分特质，软弱而无助，一直在一旁同情和可怜自己。

杰森说，从小姐姐的表现就比他差，在喜欢比较的父亲面前，姐姐养成了逆来顺受的特质。杰森身上也有某些姐姐的特质，所以对自责自弃的情况也爱莫能助。梦中最后杰森选择了自杀，代表他完完全全放弃了自己，跳楼之前还咒骂家人（其实都是自己的投射），象征他已自暴自弃。

我告诉杰森，爱自己对他来说是一个难题，但他不是不想爱自己，而是因为他从小没有被好好地爱过，以至不懂得如何爱自己。谈完这个梦，杰森开始愿意与我安排更多的会谈时间，整理和面对更多过往受伤的经验。

■即将离世的父亲

事业有成的家铭嚎啕大哭地从梦中惊醒，随后便来找我咨询。原来，家铭梦见父亲生病就快死了。在梦中，父亲濒死的表情让他深感心疼与不舍。可是，即使再痛苦，自己对于父亲的死却无能为力。家铭描述到，父亲总是吃苦耐劳、默默忍受，即使遇到困难和挫折，也会独自承揽一切责任。

人的特质的形成，大多都受到小时候主要照顾者的影响。家铭从小深受父亲的影响，总拿父亲的形象来投射自己。父亲吃苦耐劳的特质，也潜移默化成为家铭的一部分，但是，家铭最近逐渐意识到自己的这些部分特质将要耗尽，如同在梦中的父亲即将离世。面对这样的处境，他深深感受到自己的无力感已经到了临界点。

家铭做的这个梦，其实让他得以释放内心的压力。接下来我的陪伴，便是能听懂他、了解他并接纳他，让他逐步从压力中完全解放，找到自己平衡应对的方法。

♥ 交友的梦

■不断入梦的前男友

一次会谈中，明美徐徐道出她最近的梦。她这样描述："我不知道为什么，十多年来一直梦到我的初恋男友，从来没有间断过，即使到现在都还会梦到。但是，在真实的世界里，我和他完全没有联络，而且我自己十分清楚，在现实生活中，我对前男友毫无眷恋，但是醒来后有很深刻的感受，实在让我百思不解。"

明美还说，初恋男友给她的感觉是非常温暖和有自信的，但在别人看来，他是一个很骄傲的人。"十多年来，我一直都在梦中非常思念他，非常渴望与他相聚，还一直不停地在寻找他，但都见不到他的人影。最近一年多以来，在梦中我还是一样地爱恋他，并且已经看得到他的模样了，不但如此，我还和他说过话。"

与明美谈论过后才了解，长久以来她一直渴望自己能够拥有像前男友一样温暖且有自信的特质。分手后十多年来，她一直觉得自己无法拥有像前男友一样的特质，直到最近一年，她才慢慢觉察到自己已经渐渐拥有了这种特质。虽然她非常喜欢这种特质，但是它不常出现，明美一直希望能真正地拥有它，所以这个梦境才会不断出现，其实并非她在思念前男友。

■不停地握手、聊天

明诚梦见自己进入许多不同的房间，与不同的人聊天、握手。在梦的距离原则篇中讲过，距离自己越近或有接触的，都是内在自我的一部分，所以明诚梦里握手、聊天的对象，都是自己的投射。

我跟明诚反复聊天后，发现他是一个会不断要求自己进行改变的人。只要看到别人有哪些好的特质，他就会心生羡慕，进而加以模仿，要求自己也要拥有那些特质。过一阵子之后，如果看到别人还有不同的特质也是他所羡慕的，又会如法炮制，要求自己再度改变成为那种特质的人。

简言之，明诚是一个完美主义者，永远不满意自己的状态，因而不敢将自己定型。明诚之所以会形成这种特质是有原因的，因为他从小在充满比较和竞争的环境中成长，兄姐在各方面都表现得很优秀，让相对不够优秀、排行又最小的他，在父母亲和家人面前抬不起头来。从小就没有被家人肯定，长大后当然无法肯定自己，潜意识里就不断地想改变自己的特质来换取他人的肯定。

■复合的友人与他的前女友

阿伟曾和我分享过一个梦，这个梦围绕着他大学时期的好友与其前女友展开，梦中的画面都是工作或休闲的生活中比较平常的场景。在梦中，不知为何，他的好友与前女友都想找房子搬出去住，找着找着，又不约而同地找到同一栋公寓，应该是在三或四楼的一套房子。某一天，两人一前一后前往公寓看房子，在楼梯间碰到时，男生正要上楼，女生则要下楼，似乎心灵上又有些交流。之后，两人关系复原，并在新房子里站着讨论了一些接下来的规划。

从梦见卡通怪兽到
爸爸身上插把刀
——梦的成长史

在梦中，友人和其女友去看的房子是一套经过转卖的二手房，屋子里空无一物，装潢已经全都打掉，但看起来还算整洁。两人在楼梯间或房子里有一些似有若无的对话，旁观的阿伟无法得知对话的内容与细节，但能感受到两人久未见面的怀念。

矛盾的是，阿伟认为，如果友人和前女友复合的情节出现在现实中，他应该会为两人重获温馨而喜悦。但是在梦里，当他看到两人复合时，仿佛有一种无形的压力与不安。梦境也在两人在房子里的讨论中结束了，好像没有交代出两人之后的相处状况。

其实，这个梦是在形容当时阿伟自己内在的心理状态。他的两个内在的自我在开始整合。据他形容，友人的前女友个性活泼、直率大方，但有时会给人压力，友人则随和理性，而且幽默好相处。

在人生过去不同阶段的环境中，阿伟的内在也分别存在着活泼且直率大方与理性不失幽默两种不同的特质，但是不曾同时存在过。就如同梦中友人和前女友各过各的生活。做梦的当时，阿伟正在尝试整合这两种特质，但尚未预备好面对新的自我（即梦中屋子里空无一物，装潢全都已经打掉），这也是为什么当他在梦中看到友人和前女友复合时，心中仿佛有一种无形的压力与不安。

■落跑新娘

盈如疑惑地告诉我，她从十几岁开始，就常常梦到自己在结婚当天落跑。即使现在她都已经离婚了，竟然还会做同样的梦，令她百思不解。

我问盈如，结婚对她而言意味着什么。若结婚代表的是承诺，那她是一个会逃避承诺的人，而且无论这种承诺是关于情感还是事情的，都一样。若结婚意味着关系有更进一步的发展，变得更亲近，那她是会逃避亲密关系的人。出乎意料的是，盈如告诉我，两者她都有。

盈如说，从小她就意识到父母婚姻关系中的矛盾。因为父亲有了外遇，让她确信无论多么深情的承诺，都无法保证天长地久。不仅如此，父母之间的亲密关系中还存在太多可怕的冲突，这也让她的内心充满了极端的矛盾情绪——渴望拥有爱与被爱的亲密关系，但又不敢相信任何人对她的承诺，只要有人想要进一步与她发展更深的友谊关系，她就会突然毫无预警地逃开。

从梦见卡通怪兽到
爸爸身上插把刀
——梦的成长史

❤ 不断拉扯的牙线

完美主义可以用不同的梦境来呈现。咏晴在谈到她的梦时，本来认为她的梦是无意义的，但是用心了解之后，她才认清自我——其实自己是个不折不扣的完美主义者。

咏晴说自己有一个画面简单的梦："在梦里只有一个不断重复的画面，就是我一直不停地在拉一大捆像牙线的东西，它一直穿过我的牙缝。当时我很担心，拉完后牙齿该不会就从牙根磨坏了吧？然而，即使不停地拉牙线，也始终都拉不断。"

我告诉咏晴，牙齿象征的是基本能力，表示她对自己的某一项基本能力不满意，一直不断地想要修正和弄好它。当我如此告诉她时，咏晴才终于承认她从小一直有自我要求完美的特质，并且愿意和我分享她的生命故事。

咏晴的成长过程中充满了心酸。身为家中第四个女儿，咏晴的出生是不被期待，甚至被长辈厌恶的。在她还很小的时候，妈妈曾告诉她，一连生了三个女儿，却生不出儿子，承受了很大的压力，生到第四个时又是女儿，妈妈不仅绝望地哭了，连坐月子都只能默默地回娘家。所以，在咏晴小小的心灵里，开始要求自己绝对要表现得比别人强，表现得要很完美，只有这样才能让妈妈在婆家及外人面前有面子。终于讲出这段成长历程后，咏晴的眼中泛出了泪水，她对我点点头，对于自己终于被了解而感到欣慰。

♥ 偷了妹妹一千台币

晓丽对我说，她被一个奇怪的梦困惑了好一阵子。"梦中的我为了让妹妹体会小时候偷我东西后我的感受，于是我暗中偷了她一千台币。"

晓丽为了不被追查到这一千台币，在住家附近的中友百货公司的各个楼层四处躲藏，最后还是被妈妈找到，而且被痛骂一顿。"我当时辩解称，妹妹小时候也曾偷过我的东西，我这样做只不过要让妹妹也体会一下东西被偷的感受，还生气怪妈妈没有幽默感。但妈妈拿起一本账簿，开始对我说些讽刺的话，要我自己把欠妹妹的部分都一一算清楚。"可是在晓丽的梦中，并没有看到妹妹的影像出现。

我委婉地问晓丽，最近在与妹妹的互动关系中是否暗自占了她的便宜。她惊讶地点头承认。晓丽认为，小时候妹妹经常占她的便宜，所以，最近当她得知一些好消息时，故意不与妹妹分享，但事后内心是自责的，于是她想办法阻止自己产生自责感。起先，她把自己弄得很忙，就像梦中跑去躲在高中时起就经常逛的中友百货公司。她认为百货公司有冷气可以吹，米白色的色调很柔和，还有令人眼花缭乱的商品和人群，在其中穿梭常会不知方向，但终究还是被妈妈发现了。

我让晓丽了解到，梦中出现的妈妈其实是她自己内在的一部分，就是像妈妈认真负责、不苟言笑的那种特质，而妈妈骂她、讽刺她，还要求她弄清楚与妹妹之间的恩怨，拿出一本详细记载着每一笔账目流向的账簿，由此可见晓丽一直将她与妹妹之间的伤害保存至今，但内心充满着矛盾，一方面觉得妹妹欠她，另一方面内在像妈妈特质的那一部分又责备自己不应该计较，还反过来认为自己过去欠妹妹的比较多。

● 内心交战四幕剧

读大学三年级的阿禾来到协谈中心找我谈话，顺道分享了他前一晚做的四幕怪梦。他说："第一幕，我在安慰哭泣的朋友淇淇，她好像因为妈妈的关系在哭。她说有七个问题想改变，但是不想一次改变那么多，因为内心充满了无力感而伤心。我就在一旁安慰淇淇说，那就一个一个改，慢慢来。

"第二幕，我在路上遇见一队士兵，大概有八人，其中有剑士和弓箭手，他们朝着我走过来，像是我的敌人。那时，我手中拿着跟我身高差不多的剑要跟他们对战。他们给我的感觉是可以轻易消灭的，只要我挥一挥手中的剑，他们马上就会灰飞烟灭。但是，他们朝我走来像要攻击我的时候，我把剑一挥，他们盾牌一挡却毫发无伤，我突然发现他们的防御力比我想象的强很多，于是我开始逃跑！"他还解释，剑给他的感觉是有自信的，是一种力量的代表。

"第三幕，我手中仍然拿着剑，走到学校的围墙附近时，突然发现，原本宁静悠闲的校园里突然每个地方都有穿着重型铠甲的士兵在巡逻，他们很高大、很魁梧，有人拿着长矛，有人拿着剑。他们发现我之后，就从远处朝我攻击，长矛兵向我投掷长矛，剑士快速靠近我。我举起我的剑奋力反抗，正当交锋之时，我发现对方的剑闪着锋利的光芒，向我砍了过来。我以我的剑抵挡攻击，但力量和他们差很多，我挡不住，手中的剑硬生生地被打飞，插在地上。我毫无招架之力，开始在众多向我投掷的长矛中闪躲、逃跑。"他提到，士兵给他的感觉是难以挑战的，以自己的能力根本打不过。

"最后一幕,我逃到一间好像是我自己的房间。我躺在床上,害怕追兵,害怕被人发现,房间内只有我一个人。房间里有三扇窗户,但是我因为害怕被发现,把窗帘全部都拉上了。躺在床上的时候,我发现房间越来越小,天花板离我越来越近,近到好像伸手就能摸得到。房间内有点儿昏暗,因为我把窗帘都拉了起来。"房间给他的感觉是很自我的空间,虽然可以放松,但是个会让他堕落的地方。

我听完阿禾的梦之后,直觉认为他内在的矛盾与冲突有很多,而且相当剧烈。我询问他,朋友淇淇有什么特质,阿禾告诉我,她是一个天真、无忧无虑、很可爱、乐观又积极的女孩儿。对于梦中出现"七"这个数字,他认为代表了完整和完全。我试着开始解释,第一幕梦境反映出他个性中无忧无虑且乐观的部分,为了自己与妈妈之间关系上的好多问题在难过,但他也同时安慰自己要慢慢来,一个一个去解决问题。

第二幕梦境则展现了他内在的自我冲突。由对战的近距离交锋情境，可以了解到其实这些士兵也是他内在自我的一部分。他本来对战胜自己有十足的自信，但八个士兵（比七多一个，象征比"完整"还多）超乎他想象的强。阿禾本来心想，这些敌对的部分是可以轻易消灭掉的，但没想到在这场内心的自我交战中，敌对的一方比他想象中的强而且数量多，他只好赶紧逃跑。

第三幕梦境从自我矛盾冲突跳到了学校生活中的压力上。校园内的敌人随时要攻击他，因为是远距离朝他投掷长矛，说明这是一种外在的压力，令他完全招架不住。最后，拿剑的士兵朝阿禾靠近，打落了他的剑，所以可以认为是阿禾的外在压力引发了他的自我否定。

从前面两幕梦境可以看出，阿禾是一个内心中充满自我冲突与自我否定的人，一方面认为自己能力不错，另一方面却在压力来临时常常自我否定。正因为如此，他才会做了第四幕的梦，当压力过于巨大，会让阿禾觉得自己什么都做不好，想要放弃努力，内心好好放松时，却又感觉孤单、烦闷，甚至自甘堕落。

♥ 哀怨的女鬼

阿荣梦见一个哀怨的女鬼在空中飘来飘去，而他高中时期的好友也在空中飘。此时，阿荣看到一群小孩儿，其中有一个小女孩儿特别吸引他的目光。那个小女孩儿看起来很可怜，好像特别需要人来照顾，他就靠近那个小女孩儿、抱住她，想带她到处走走。说时迟那时快，本来在空中飘的女鬼却突然冲下来，抢走了阿荣手中的小女孩儿。

根据阿荣的描述，从那个女鬼的长相看是他以前的同事。没有人喜欢和那位女同事在一起，因为她常常会抱怨，让人感受到她活得很哀怨。至于他高中的同学，则是一个老实、憨厚的人。

依照距离原则，接触、靠近自己的都是自己内在的投射，所以阿荣内心的矛盾与冲突在于想照顾好自己内在弱小的部分（即梦中的小女孩儿），而哀怨没有被照顾到的自己（即女鬼）跑出来搅局。我问他，为何弃自己哀怨与老实的部分不顾，却愿意照顾自己软弱的部分。

阿荣这才吐露出自己成长的困苦。他说："从小，我的生活中就充满了无奈。爸爸是富家子弟，年轻时就花天酒地、不务正业。我眼睁睁地看着母亲一直受苦，但完全无法帮助她，心中有许多的无奈与哀怨。"

他难过地停顿一下，继续说："我知道大家都会同情弱者，但是没有人会喜欢常抱怨与哀怨的人，所以我从高中开始就一直看一些励志文学，勉励自己凡事都往积极正向看。现在回想起来，当时因为生怕别人讨厌哀怨的人，我不容许自己有负面的情绪出现。"他终于了解到，自己长期以来不容许哀怨的自我被照顾，难怪这部分会变成女鬼，而别人所赞赏的老实、憨厚的特质被他视为对困境没有帮助，于是平常也不会在乎，所以梦

从梦见卡通怪兽到
爸爸身上插把刀
——梦的成长史

中代表老实、憨厚特质的高中好友才会飘在半空中。

"最近我面临破产，遇到了人生中最大的困境，因为自己讨厌哀怨的人，所以也不能把苦处告诉任何人。前阵子我想振作起来，好好照顾自己，但过去所有压抑的无助与哀怨一下子全部涌上了心头，让我差点儿有轻生的举动。"

有时，内在不同的特质会化身不同的角色发生冲突。

梦是做梦者自导自演的剧集。

所以，做梦也是一个人对内在自我进行梳理的过程。

梦中不同的角色都是自我的分身，象征内在不同的特质或性格中不同的方面。

👑 老年人的梦

人的身体渐渐衰老后，不只生活上的能力减退，对人、事、物的看法也渐渐趋于稳定，心理层面开始回归单纯，这时的梦境又会逐渐返璞归真，像是小孩儿一样平静单纯，不会有太复杂的象征，因此表达的方式也会变得更直接。

不过，成长过程中一直没有处理的情绪和包袱有时会一直蓄积，到了老年会越加沉重，最终在一个临界点爆发。

♥ 梦到被两名壮汉压肚的奶奶

八十岁的来春奶奶的梦是一个令人心疼的例子。有一次聚会时，来春奶奶无意间透露了她从小做到老的一个梦，而且梦境越来越清晰，感触越来越强烈，让她越来越无法忽视。后来，我们找时间仔细一聊，才发现那个梦境竟是奶奶一生在父权社会中压抑自我的成长缩影。

来春奶奶从小常梦到自己被人压着肚子，甚至醒来后都还能微微感受到肚子的疼痛，但是过去压肚子的力量没有那么大，随着年纪增长，力量越来越大，疼痛的感觉也越来越明显。在梦中，她清楚地看到两名年轻的壮汉闯进了她的房间，朝着她的腹部用力深压，她痛得想要挣脱，但是因为壮汉的力气太大，她无力脱逃，最后痛到翻滚。

梦中出现的身体部位，靠近脑部的部位代表思想，靠近下腹的部位代表情绪。来春奶奶被两名壮汉压着腹部，代表着压抑她情绪源头的来自两股强大的力量。

从梦见卡通怪兽到
爸爸身上插把刀
——梦的成长史

听完我的分析，来春奶奶才徐徐说起，自己的原生家庭和嫁人后的夫家都是父权至上的家庭。小时候因为父亲很凶，她动辄得咎，养成了不敢表露自己情绪的性格。长大嫁人后，先生也凶，常常恶言相向，让她不得不在自我压抑中求生存。这种巨大的恐惧使她甚至在生父和先生相继过世后，仍然不能解放自己。虽然晚辈很孝顺和体贴她，但奶奶仍然下意识地压抑自己的情绪，心底有什么感受都不会向晚辈倾吐。这种一辈子有话不敢说的痛楚，其实一直在折磨她，所以梦中被壮汉压腹的疼痛才会越来越强烈。

来春奶奶听了我的解释后，回顾了她艰苦的一生，竟然情不自禁地哭了出来。隔天，来春奶奶告诉我，她又做了一个梦，这次她梦到自己回到了老家，发现老家已经重建，内部全都焕然一新，装潢也变了。

我听了后，十分替来春奶奶开心，因为这个梦代表她决心从旧的思维中走出来，并且改变自己。因为家的内在空间代表内在的自我认同，来春奶奶梦见老家重建了，象征她内心决定要改变原本自我压抑式的认同，以后心里有什么话要直说，不再勉强自己压抑情绪。辛苦生活了八十年，来春奶奶终于挣脱了桎梏，活出了真正的自己。

❤ 真实上演梦中全武行

老年人做梦时若出现行为异常，则是亟须注意的警告信号。

正常情况下，我们在快速眼动期做梦时，为了自我保护，全身肌肉都会失去张力，以免梦境中若有打打杀杀或激动亢奋的行为和情绪时，会使枕边人受害。但是，常常有老人家"投诉"另一半在睡觉时对他们实施"家暴"，有人被老伴儿一把推下床，甚至被打到牙齿都掉了。

　　这有可能是上了年纪后，脑部退化的征兆。大脑控制不住神经和肌肉，才会产生入睡后的躁动和暴力行为。医学界还观察到，不少老年人在出现这类梦境异常行为不久后，就被诊断出患上了帕金森病、痴呆或是其他神经退行性疾病。因此若发现家中老人家有这些状况，应该及早前往就医。

从梦见卡通怪兽到
爸爸身上插把刀
——梦的成长史

梦 的 十 种

性 格 解 析

第四章

什么人做什么样的梦
—— 梦的十大性格

就像琼瑶是浪漫言情小说代表，金庸是历史武侠大家，倪匡是科幻文学奇才，在梦里，每个人也都是大开大阖的文学家和剧作家，并且拥有自己独特的风格和专精的题材。

由梦可以看见人格形成的轨迹

梦境的剧情和题材，不是来自灵光涌现的才华，而是由生命一点一滴挤压所形成，尽管有些点滴从记忆的沙漏中流泄，但仍会被梦编织的网捕捉住，显影出来，从而看见人格形成的轨迹。

为什么特别爱看打打杀杀的小说和电影？为什么特别偏好文绉绉的文艺故事？情感和兴趣的"偏食"，往往来自生命某些营养素缺乏的需求。

每个人的生活经验都会烙印在脑海里，在成长道路上累积的害怕和恐惧的经验，也会在内心的深处发酵。一旦内在的情绪没有了出口，就会想办法在梦里投射出来。于是，梦境会下意识地去寻觅和搜集接近内心倾向的相关议题，把那些经验借由做梦引渡而出，譬如特别爱看的某种类型的小说、电影，或是特别专注的能引起共鸣的情节和细节。

一旦这样的题材搜集的内容够多、够用时，就像"写习作"般，在梦中反复"演练"。这也是某些主题或素材会不断在梦里出现的缘故。直到在梦境里演练得越发熟悉后，才会渐渐内化成为人格的一部分。

喜欢武打片的人，梦中就常常出现打打杀杀的画面；偏好爱情文艺片的人，梦中常有类似琼瑶小说的情节。其实，这些都是因为个性里原本就存有那些特质，才会下意识地一直汲取那些素材。

👑 压抑的人做奇怪的梦

思想感受细腻、爱探索自我的人，梦的铺陈往往更细腻；充满疑惑和冲突的人，梦境中可能常常充满危险，许多矛盾冲突的场景和情节会不断上演。譬如一个从小就搞不懂妈妈情绪的人动辄得咎，一不小心就会惹来一顿打骂，就会衍生出爱猜测和不安的个性，梦境也会变得复杂。

某些人格特质，在理智的把关和压抑下，外在几乎无可辨识，但反映在梦境里却一览无遗。而意图强力去扭转自己性格的人，往往特别容易做很奇怪的梦。其实，噩梦都是自己创造出来的，起因在于不愿真诚地面对自己。

因为**梦境就是自我压抑的成品**，有些外在看来乐观、快乐的人，梦境中却充满了死亡和杀戮，表明真正的内在可能充满了恐惧。因为醒着时的意识告诉自己要快乐一点儿、乐观一点儿，对于产生的冲突和矛盾，最终连自己都骗了过去，还自认生性乐观，以至对老做"奇怪"的梦百思不解。

越不懂得照顾自己内在的人，越容易做一些连自己都无法理解的怪梦，因为情绪和个性没有被了解，渴望找到出口，才会潜入梦中释放信息。

不同的人格特质，梦境的模式也会不同。虽然人并不会只有单一的个性，多半都存在好几个不同的面向和多重人格，但通常仍会有一种最强烈的主性格主导着自己大多数时间的情绪、思考逻辑甚至人生方向。

👑 从梦境看十大性格

　　我将临床个案中常见的典型人格及其梦境归纳为十大类型，希望有助于大家了解反复出现在自己梦境里的画面和主题，反映出的是一个什么样的真我，进而直视形成那种性格背后的原因。

❤ 自责与自我否定的人

　　常梦到和人摔跤、打架、厮杀、对垒，梦中都是辛苦的战斗。或者，钱包里的钱被偷，与窃贼拉扯追逐。这类梦境，其实都是"自己在和自己对打"，是一种反复的自我否定，投射出的是内在充满矛盾冲突的性格。每做一件事都觉得做得不够好，总是自己先嘲笑自己，活得辛苦又挣扎，欠缺一个健康的自我形象。

　　这类人的成长背景，可能是在一个高标准的环境中，从小到大不断被叨念、责骂，产生了"自己不够好，造成别人困扰"的负面自我认知，于是不停要求自己改进，却又觉得什么事都做不好。又或者，出生在辛苦的家庭中，自幼就想帮父母和家庭，但无论怎么做都无济于事，最后产生了"都是自己没用""都是自己的错"的愧疚和自责。

　　此外，有些婚姻失败的父母，常把挫败的情绪转移到孩子身上，有意无意地透露出"如果不是因为你，我早就离开了，今天才不会那么辛苦"之类的意思，这也会导致孩子形成自责型的人格。

梦境实例：与窃贼扭打

平常不太去便利商店买东西的顺诚告诉我，他常梦到在便利商店里被偷钱包，让他百思不解。他对我说："对我而言，便利商店只是应急要采购时才会去的地方，为什么我总是梦到去那里呢？"

顺诚描述到："在梦中，我要进入一家便利商店，在店门口正在观望要买的东西大概在哪个位置时，突然感觉到我的包包好像有东西被抽出来，我马上反应到可能是钱包被偷了。我的钱包还蛮大的，和一般年轻人的不一样。我很快转过身来抓住了小偷的手，小偷很年轻，我使尽全力旋转他的手，再把他转过去推到店里的墙角打算压制住他，并且一直要他把钱包还给我。

"但在一连串要压制住他的扭打下，没想到都没有便利商店的店员来帮我，我也越来越疲惫……不料，下一个画面突然切换了场景，压制住小偷的地方换到了一张床上，而且那名年轻小偷没有穿外裤。在扭打的过程中，除了我一直要他还我钱包外，我们就像两个很好的朋友在玩耍一样，我甚至还像朋友一样耍点儿小性子。不过，我一直不停地请求旁边的朋友来帮我，但朋友们都在袖手旁观。

"最后，当我累到某个程度的时候，我无力地吼了一下，便利商店的店员才过来帮忙，但一直磨磨蹭蹭，不但不帮我牵制住这个年轻小偷，还一直在一旁分析我们之间到底发生了什么事情。拖了好久，才把我们两个分开。"

■分析

根据先前提到的空间与距离的原则，我们可以了解，梦中和顺诚扭打成一团的年轻小偷，其实是顺诚的另一个自我。钱包内的钱代表"价值"，最后在床上压制住只穿内裤的小偷，反射出他内在自我的矛盾与冲突。而且，往往当自己放松自在时，才会出现失去自我价值的不安。

经过详谈后发现，顺诚是家中的长子，就像家里的"小爸爸"，自幼起就要求自己要分担父母的重担，将对自己的认同定位成"要随时应急，满足别人的需要"，形同"便利商店"般便利的角色。

长久下来，造就了顺诚只要在放松自在、对人没有贡献的状态下，内心就会产生"自己没有价值"的感受。自己的其他特质（梦中的朋友）也爱莫能助，"超我"的部分（便利商店店员）还忙着处理别的事情，显示只有在自我冲突到极度疲累的时候，才会自我分析一番。整个梦体现的就是一种对自己价值的否定与无力感。

♥ 自我怀疑及自我形象差的人

老是梦到自己没有穿衣服走在大街上，或是出席正式场合时打扮穿着不得体，自己羞惭万分，但奇怪的是，旁人竟然没有发现。这类梦境透露出的信息是自我形象很糟，极度在乎他人的看法，尽管别人不见得认为不好，自己仍会不由自主地解读为负面的看法。这是缺乏自信者典型的心理状态和最常出现的梦境。

人的自信心一般在三到十二岁的幼年期就建立完成。这段时间是孩子正要发展出"做自己"人格的阶段，若这种自我意识没有得到鼓励，甚至不被容许，就会造成自信心的缺乏。

这类人在成长的过程中，可能没有获得大人的信任，大人动辄就表示"你不会，我来做就好"，像这样，无论什么事大人都先主动做好，孩子长大后自然缺乏把事情做好的信心。在负面教育环境下成长的人，无论做什么都是错，常被责骂"笨啊！""猪啊！"自信心当然也会被骂得无影无踪。

还有一种在竞争的环境中成长的人，特别是手足间的比较，譬如哥哥功课好，弟弟不会念书，也会使孩子缺乏自信心。事实上，优秀的哥哥虽然常被赞美，但可能觉得自己获得的赞美来自于"表现好"，一直担心表现不好就会失宠，还会羡慕弟弟虽然不会念书，但是会运动会玩。另一方面，弟弟则总是输的一方，还没人关注，自信心更是不断被打击。情况往往是，在这样环境下长大的孩子，常常两个都很受伤。

什么人做什么样的梦
—— 梦的十大性格

梦境实例：衣服不见了

雅忻是一个做事小心翼翼、认真负责的人。有一次，她神情有些尴尬地偷偷对我说："我经常梦到自己没穿衣服，好怪异又好害羞！

"我梦到自己在一个房间里，面对衣橱中一整排五颜六色的衣服，东挑西选地试了又试，最后好不容易决定要穿的衣服。没想到，一出门，本来还是衣冠整齐地走在路上，遇到越来越多的人之后，我突然发现，自己竟然是一丝不挂地走在人来人往的马路上。"

她疑惑地说："最奇怪的是，居然没有人发现我的衣服不见了。我只好先找一个地方躲着，拿起手机想联络弟弟，请他帮忙拿衣服过来给我穿，但是一直打不通。情急之下，我只好随手拿了一块布遮住身体急忙跑回家，然后就醒过来了。"

■分析

这个梦让我更进一步了解到雅忻的个性。原来，她从小就是一个再怎么用心努力做足准备，内心也会担心和怀疑自己形象的女孩儿。

雅忻在一个管教中充满羞辱语言的家庭中长大，因为父母挑剔的性格，从小无论做什么，她都被嫌弃"做得不够好"，这让她渐渐形成了"自我怀疑"的性格，以至长大后不管从事什么工作，尽管主管都给予肯定并且赞赏她，雅忻仍然觉得别人眼里自己的形象并不好。

❤ 自我要求高、完美主义的人

　　常会梦见被人追赶，并且很清楚地看见有人在后面追自己，距离近得快要被追上时，只好跑得更快。其实，那些追兵都是自己，是自己对自己的鞭策。

　　这是完美主义者最常出现的梦。和自我形象不佳的人不同，完美主义者不在意外在的眼光，而是自己的标准已经超越了别人的标准，永远觉得自己的努力还不够，才没能达到完美的境界。他们不是拿自己和别人做比较，而是觉得"自己可以更好"。

　　这类人格的形成，可能是因为在成长的过程中，大人们太过忙碌而忽略了他们，因此他们再怎么努力都不会被看见，更没有人会鼓励，也不知道最高的标准究竟在哪里，不知道怎样才"够好"。或者，大人的标准过于严苛，虽然不是打骂教育，但以一种"你可以更好"的方式进行压迫，甚至还时常流露出失望的神情，这些对自信心的杀伤力更大。例如，明明考了第二名还不能满足，永远在挥汗朝着高不见顶的"更上一层楼"而努力，却从未享受过由此带来的成就感和满足感。

梦境实例：被不同人追的梦

诚旭对我说，他总是在被不同人追逐的梦中吓醒过来，与我谈论时仍心有余悸。"我经常梦到被不同的人追，很多时候都追到快要碰到我了，我就会吓醒过来。醒过来之后，心还嘭嘭直跳。"

在追逐他的人之中，有些是熟悉的面孔，有些则是完全陌生的人。我请他可否列举一些自己认识的人，诚旭努力回想，说出在梦中曾经追逐他的人中，包括他的一位高中同学、一名高中老师，还有许多从未谋面的陌生人。

■分析

我逐一向诚旭询问高中同学和高中老师的特质时，发现诚旭眼中的他们具有共同点，即杰出、优秀、做事努力认真又负责。事实上，这些特质正是诚旭的自我认同，因此他是被自己设定的高标准追得喘不过气来。

诚旭在家里常常是被忽略的那个孩子，认为自己一定要很"杰出"才能有价值。他也承认："我一直都认为，只有努力认真工作的人，才值得被重视。" 于是，他习惯于不断自我要求，但还是经常不满意自己，觉得可以表现得更好。

♥ 内心充满恐惧的人

同样是做被追赶的梦，但这种人在梦里只有被坏人追的意识，连究竟是谁在追自己都看不到、也认不出，只是一直感受到敌人潜伏在环境的各个角落里，心中饱受威胁之感，一种说不出的恐惧深植于内心。

这种充满恐惧和害怕的心理，往往是由儿时成长环境的不稳定所致。人的安全感一般在三岁即幼童期以前就逐渐建立，那个时期急需一个安定的环境，主要照顾者最好能固定。若因父母忙碌或打拼生计，今天托亲人、明天托朋友照顾，每天都在陌生的环境中，和不同的照顾者相处，这样长大的孩子就容易产生安全感严重不足的问题。又或者，家中充满了争吵，也会导致孩子没有安定感，容易担心害怕。

这种安全感的丧失，有时甚至会因为一段很短暂的时间或仅有的几次经历，就足以让恐惧感的种子在他们的心中深埋。有人小时候被妈妈关在厕所里处罚，结果妈妈忙起来忘了，好几个小时后才去开门，这种经历就导致他长大后仍然很怕黑，晚上得开着灯才能入睡。

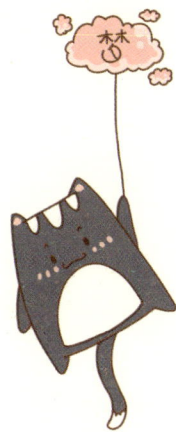

什么人做什么样的梦
——梦的十大性格

梦境实例：被陌生人带走

读大三的阿吉，有回上自我成长课程时，和我分享了一个人物和景物都十分奇异的噩梦。因为情节惊悚，他一直记忆深刻，他向我详尽地描述："梦的开始在一个小村庄，时间是白天，有人上门敲门，爸爸去应门，问了句：'什么事？'陌生人回答：'我想请你们当我的演员。'爸爸先是迟疑，最后却答应了。"

接下来，梦的场景切换到了车上。"我坐在车里，爸爸坐在车后面的拖车上，我跑下车说我要跟爸爸坐，于是我就跟爸爸坐在后面的拖车上。这时，本来乖乖的三只狗开始狂吠，吠声激烈，有点儿恐怖，仿佛在警告什么。当我们到达一个废弃的空屋后，所有的工作人员都进去了，我跟我爸也跟随进去。

"废弃的空屋里有一个方形大洞，一直有水从洞口滴下来，屋内长满了杂草，柱子歪歪斜斜的。诡异的是，外面明明是亮的，屋子里却暗暗黄黄的。到了晚上，一切都变了样，方形大洞里瞬间爬满了各式各样的蛇和蟑螂、蜘蛛（都是我最害怕的昆虫），还有看上去很恐怖又很像人的东西想爬上来。滴水之处则变成滴下蟑螂，整个空屋暗暗的，有许多尖叫声。屋内的人全都开始乱跑，有几个人幸运地逃了出去，但大多数人都被关在里面。每个人都很害怕，有些人干脆躺在地板上假睡，假装自己没事。突然有一张绿色的脸跳了出来，而且语气阴森地在说话，后来我就被吓醒了。"

■分析

阿吉梦境中不断变换的场景和越来越危机四伏的过程，透露出他内心存在许多规范以及他在探索内心过程中的害怕。

梦中的第一个场景，陌生人敲门仍勉强应门，由此可以看出阿吉与真实的自己其实"并不熟"，却还要不断配合外在的演出。接下来向内探索时，阿吉的内心开始紧张了起来，正如梦中忠心看门的三只狗好像警告般地狂吠。最后进入屋内看到的方形大洞，则象征着他内在的规范。

阿吉现在才道出，从小时候起，严厉的父亲与唠叨的母亲就将他塑造成了一个乖巧、顺从的孩子。然而，阿吉在乖巧个性的背后，却一直在担心违反规范，使得内心充满了恐惧。就像梦中那个方形的洞口，平常内在的规范只要面临巨大的压力，就会滴下可怕的东西，而他最怕的昆虫是蟑螂和蜘蛛，于是便用它们来投射他恐惧的对象。因为这些内在的恐惧平常很少有机会去探讨，所以在梦中会有内外不一致的现象 ——"屋外明亮，屋内却暗暗黄黄的，长满了杂草，而且柱子歪歪斜斜的"。

当阿吉在成长课程中认真地想去面对和了解自己内在的恐惧时，没想到却引发了更多的恐惧。后来，经过一段时间的协谈，阿吉才慢慢能够坦然面对和接纳自己。

♥ 不了解自己内心感受与想法的人

乘电梯要去某一层楼，明明按下了电梯的按钮，但一直到不了想去的楼层。这类"电梯迷走"的梦境，反映出做梦者一直想搞懂自己，但是因为不了解自己的情绪和想法，所以一直到不了想去的地方。

这类人可能从小就不被容许出现"情绪"，或者没有人可以与他谈心，总是孤独地面对起起伏伏的情绪，不明就里又不知所措。这在内敛、不善于表达的东方社会里，是很常见的人格形态，八九成的人都可能因为在家中不习惯敞开心扉，而变得连最亲近的人也有距离感，甚至自己也搞不懂自己。于是，常常心存疑惑，为什么快乐后总觉得孤单，在人群中也觉得寂寞？

了解反复出现在自己梦境里的画面和主题，就能借机了解一个真实的自我。

梦境实例：五楼不停的电梯

在国外打工旅游的伯恩通过电子邮件与我分享了他的梦，他写道："我梦到自己去拜访小时候念的小学，我要乘电梯到五楼，但是电梯到了五楼后，不停地向下运行后又继续往上面的楼层跑，当时我的心里很慌张。到了某一楼层后，电梯门自动开了，我看到下面是一池沸腾的水，好像机房似的。之后，当电梯门再次打开的时候，我都不敢向外头看，生怕一不小心就会掉下去。

"突然间，我看到了一个有趣的东西——电梯的墙上写着'十楼↓沙鹿，十一楼↓丰原，十二楼↓香港'之类的。我想要从'沙鹿'下电梯再走回学校，但是路好远我就放弃了。我继续按我想要到的五楼的按钮，之后电梯终于下降了，但是到了五楼后还是没有开门，反而转向更高的楼层移动。

"就这样反复了两三次，我的心情也跟着电梯上上下下地起伏，我的心都累了，而且很慌张，不晓得自己会被带到哪里。最后，不知道过了多久，电梯才又停回五楼。我走出电梯后，慢慢地走到一楼，发现学校外面就是海滩。这一天好像有活动，好多游客聚集在一起，人声鼎沸。我看着远处的夕阳，但是我并没有因此开心起来，跟周围喧闹的气氛形成了鲜明对比。然后，我就醒了，而且是心有余悸地惊醒。"

什么人做什么样的梦
—— 梦的十大性格

■分析

通过信件来往的协谈和互动后，我才了解到，伯恩在外国打工旅游期间，大多数时候都是自己一个人到海滩去从事休闲活动，而这段时间他常常与自己对话，并且回想到自己过往追寻理想和自我认同过程中发生的点点滴滴。

从小学业就表现优异的伯恩，心里却一直有个过不去的结困扰着他。他回想说，那个"过不去"的结，发生在他小学五年级的时候（要乘电梯去五楼）。那时的他，学业成绩突然大幅滑落，还因为误会失去了当时最要好的朋友。在学业和人际关系上遭遇了双重挫败冲击，即便现在他已经成年，仍然无法释怀。

他在梦境里，在电梯中上上下下，越想用理智去思索和理解（电梯往上层移动），就越发强烈地感受到内心的害怕，思绪还跳到了理想（电梯越来越远），最终又回到了现实的环境中——国外的海滩，游客众多，四处人声鼎沸。但是，当他看着远处的夕阳，尽管景色美好，他却开心不起来，他的落寞和周围喧闹的气氛形成了鲜明对比。这个梦境正是他当下心情的写照，表示他还未将过往的困惑释怀。

♥ 假单纯的人

梦里老是出现陌生的人和景，和陌生人握手、打招呼、拥抱，或是有一间又一间的房间，但一间一间开门后，里面全都是不认识的人，表面热络、热闹，实际上却陌生无依。这种梦境投射出的是表面看似很纯真、内心却极为复杂疏离的人格。

这种表里不一的极端人格，与早期成长在一种复杂的环境中有关。可能是家族里成员复杂，一直钩心斗角，比如存在婆媳问题、姑嫂问题等，因而害怕面对内心的复杂面，强迫自己以单纯掩盖复杂的阴暗面，进而塑造自己表现出"不计较""不在乎"的单纯形象。在与人相处时，还会刻意表现这份"单纯"，其实与自己内心的真实面十分疏离，并且不愿让别人察觉出自己的软弱和灰暗。

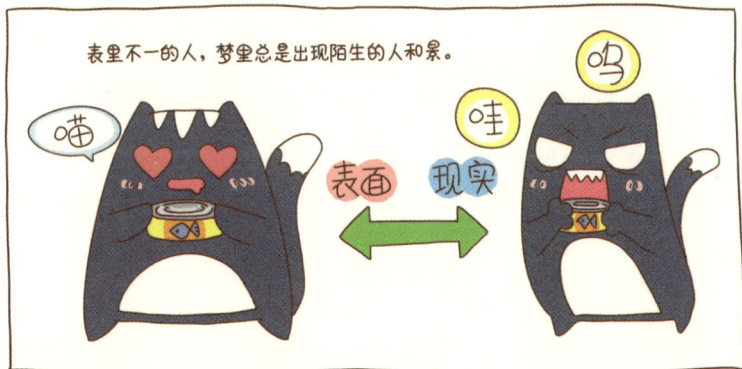

表里不一的人，梦里总是出现陌生的人和景。

什么人做什么样的梦
——梦的十大性格

梦境实例：森林里的难民营

伟仁梦见自己走进了森林中，看见一栋外观极为明亮朴素、看似可爱的小木屋，但是当他进入屋内后，发现里面的光线十分昏暗，而且有许多不认识的人住在里面。

"当我打开其中一间房间，里面居然像集中营，住了许多衣衫褴褛的难民。再打开另一间房间时，又出现许多骇人的白骨。还有一间房间里，有人在打打杀杀，到处血迹斑斑。最后，我在混乱和疲惫不堪中醒过来。"伟仁语带不解地对我述说了他的梦。

■分析

经过进一步交谈，伟仁才慢慢对我卸下心防。我进而了解到，伟仁有许多不想让别人看见的内在软弱，长久下来他的内心累积了许多的压抑与混乱。原来他生长在一个"不容许有情绪"的家庭中，尤其是不苟言笑的父亲，教育他们不能把负面情绪带给别人，也不能活得太"放肆"。

伟仁的家庭表面上看，兄友弟恭、父慈子孝，一片和谐、平静。实际上，他们没有一丁点儿宣泄私人情绪的空间。这让找不到出口的他，养成了把紊乱的情绪收起来不让人看见、形同自虐式的压抑习惯，以为"单纯"才会受到欢迎和喜爱。

在他的梦中，外观看来"明亮朴素的小木屋"，象征着伟仁外表看起来是阳光积极又单纯的人，但一进入屋内，种种复杂和混乱不堪的状态才是他真实的内在样貌。梦中的不同空间，代表他的内心存放着过去的不同经历，有代表绝望的白骨、象征被虐待的集中营以及投射出内在矛盾冲突的打打杀杀，这些都是他曾经历过、不愿面对的过往伤痕。

♥ 杞人忧天型的人

梦见自己忘了去考试，结果可能无法毕业，没有学位又会找不到工作，最后变成流落街头的流浪汉。不过，还没开始沮丧，梦中就发现"好险，这只是一场梦"。爱做这种 "梦中梦"的人，在自己铺陈的层层忧虑中，又一层层醒过来发现只是"白紧张"，这正是典型的杞人忧天性格的人会做的梦，并且越容易焦虑的人，梦里的梦越多层。

这类人总是预期事情有最坏的结果，认为要做好最坏的打算和心理准备，一旦事情没有想的那么糟，自己会感到很庆幸。这往往是因为自小在一个"气氛紧张"的环境下长大，周遭常常看见兄弟姐妹被处罚，自己则是"杀鸡吓猴里的那只猴"，虽然都不曾被处罚过，但是因为看见最糟的状况不断发生，于是一直处在担心的过程中。

一个朋友老爱杞人忧天，有一回和她聊天，她自豪地说："爸爸最爱我了，都不会处罚我。"我直觉反问她："爸爸会处罚别人吗？"她才透露，哥哥书念得不好，爸爸常常对着哥哥的头，一巴掌就扇过去，还把他吊起来打。她在一旁心生恐惧，从小就告诉自己一定要好好念书，才不会被处罚。结果，她也真的从小到大都不曾被爸爸打过，但是每次看到爸爸的手伸过来要摸她的头时，心中都会不由自主地抽动一下，担心那双摸头的手会变成打头的手。

什么人做什么样的梦
—— 梦的十大性格

梦境实例："这不过是一个梦而已"

阿豪与我分享了他多年来的梦，最有趣的是，"我经常会做各种不同类型的梦，但梦里的我经常会告诉自己'这不过是一个梦而已，醒来就没事了'。而每每我一听到自己这样说之后，就会从原本的梦境中脱离，直接醒来或者进入另一个梦境中。"

阿哲也有类似的梦，他和我提到："中学时，我梦到自己站在以前幼儿园的二楼教室中，四周没有一个人。白天，很安静，我从窗户向外看，楼下广场也没人，好像全世界只剩我一个人。突然间，我知道这是一个梦，开始幻想会发生可怕的事，我要马上离开这里，停止这个梦。最后，在一阵抽离感后，我便醒来了。此后，我偶尔还会意识到自己在做梦，然后用力从中抽离。"

■分析

阿豪在梦里对自己说"这不过是一个梦而已"，这句话像是标语频繁出现在他的梦境中。包括他梦到自己考试考不好，梦里就会对自己说："反正这只是个梦而已，现实生活中不会发生，醒来就没事了！"梦到自己做错了什么事情，如工作上出了差错的时候，梦里的他也会告诉自己："没关系，反正这只是梦而已！"

与阿豪谈过话后，才发现原来他的个性就是标准的"先天下之忧而忧"，总是在担心还没有发生的事情。他会先想象不好的结果，自我折磨担心一阵子后又会告诉自己"这不是真的"，再把焦点转移到不同的事上。也就是说，阿豪是一个经常会担心未发生的事情、又告诉自己这只是自己在穷担心的人，"做梦"也变成了他"担心"的一种象征。

　　阿哲也是典型的易焦虑的人，而他内在的焦虑感源自于从小被忽略时所产生的孤单经验。他提到，小时候，每次父母因为工作忙碌将他单独留在家中时，他就会不由自主地幻想一些可怕的事情要发生，如坏人会破门而入，有鬼怪躲在黑暗的角落等，而他必须告诉自己这是"想象的"，并全力阻止自己继续胡思乱想下去。

什么人做什么样的梦
——梦的十大性格

♥ 缺乏自我方向的人

常在梦里迷路，不管走路或搭车，都找不到路，或者不知道要往哪里去。甚至车子没有人驾驶，却自行发动行驶，或者方向盘被恶霸掌控，乱冲乱撞。没有方向、无法掌控，这样的梦境述说的是缺乏自我者的无助。

这类人对人生没有方向感，不敢为自己做决定，对下一步要怎么走感到很迷惘。通常他们成长在一个保护过度的家庭，自己不需要"立志"，只要听从和顺从就好。于是，被牵着鼻子久了，他们也就失去了做决定的能力。

一名硕士女生有一回很无助地对我说，虽然研究生顺利毕业了，但自己完全不知道要何去何从。原来她的爸爸从小就把她照顾得无微不至，也从来不打不骂，但是只要她表现不好，爸爸就会责怪自己"没有教育好"。这种情况造成了她对爸爸言听计从，不敢违背。研究生毕业后，她问爸爸："下一步该做什么？"年岁已长的爸爸对她说："你已经那么大了，要自己去做决定。"这反而让从不曾为自己做过什么决定的她感到不知所措。

梦境实例：开错车的叔叔

信美拿她的怪梦来询问我："我梦到叔叔在开车，婶婶坐在前座，我与弟弟坐在后座。我们好像要去一个未知的地方，四周非常陌生。不会开车的婶婶一直在旁边指导叔叔应该怎么开，而叔叔不愿听从，故意往另一个方向开。结果，开了好久好久，一直到不了目的地。四周越来越荒凉，道路也越来越狭窄，我心里有点儿害怕地想：'到底我们要去哪里？'前面似乎无路可走了，我就醒过来了。"

■分析

根据信美的描述，在她眼里，叔叔是一个轻松自在但有时迷糊的人，婶婶是一个焦虑感很重的人，弟弟则是家中最贪玩的人。详谈之后发现，信美是个表面看起来轻松自在，但内心有强烈焦虑感的人。而这样两极化的性格，是因为同时接受了父母的特质所形成的。

信美的父母是两种完全不同类型的人，父亲神经大条、缺少责任心，即使面临天大的问题，也总是认为"船到桥头自然直"。相反，母亲就容易烦躁和焦虑，见到父亲散漫的态度，会叨念个不停。结果，信美一方面拥有和父亲一样散漫的个性，一方面又被严厉的母亲制约，认为不积极就会被责骂。

因此，信美焦虑感出现的同时，会用贪玩的心试图降低焦虑感的反射行为。但贪玩的想法一出现，焦虑感就会加重，就这样一直恶性循环着，让她在不安焦虑和放任自己之间拉扯，找不到方向。

♥ 自我感觉良好的人

自我感觉良好的人，多半以自我为中心，并且在乎自我形象的呈现。在梦中，常常出现形象完美的名人、明星和自己拥抱、手牵手"秀"给众人看，甚至发生亲密的关系，而当事人自己也很享受这种梦境带来的愉悦感受。

如此良好的自我感觉的产生，通常来自需要卖力"展现"才能被看到的环境中，这种情况最容易发生在家庭里排行中间的孩子身上。因为挤在最受期望重视的老大和最受宠爱保护的老幺之间，如果没有自己强烈的特色，往往就会被忽视。于是，他必须极力塑造自己的独特性，打造出一个完美的形象，并且强化它，自我催眠"自己很好"，从而争得父母更多的关注。

自我感觉良好的人，骨子里其实是没有自信的人。但他们观看世界的焦点只有自己，既不懂得欣赏别人，也不会去关心别人，对世事没有深入的了解，往往和人也缺乏深入的联结。

梦境实例：和刘德华握手

阿禾兴奋地与我分享了他的"明星梦"。他有点儿沾沾自喜地说："我有好几次梦到我与刘德华牵手一起出去玩，而且我们玩得很开心。但奇怪的是，我和大明星在一起时，身旁的人居然都不会羡慕我。"

阿禾还说，他的梦中不仅出现过刘德华，有时还会梦到在室内与帅气的艺人约会，甚至互相拥抱，那种感觉真的很好，只是每次醒过来之后，他总有一种惆怅的感觉。

■分析

从这些梦可以了解到阿禾是一个自我感觉良好的人，常常活在自己的世界中。当他回到现实生活中，发现别人并不是如此地对待他，他的内心就会产生失望的感受。

渐渐地，阿禾才道出，自己出生在隔代教养的环境下。父母因为忙碌，在他成长的过程中几乎全部缺席。阿禾从小都是"自己和自己相处"，没有人和他对话， 以致他的关注焦点都在自己身上。他活在自己的小宇宙里，也变成了世界上唯一欣赏自己的人，然而自恋的背后，其实是巨大的寂寞空洞。

♥ 迎合别人的人

在团体中处处讨好、被视为"善解人意"的人，期望从迎合别人中获得掌声，并且满足于"附和"他人而获得的融洽时刻。其实，这类人的心里很矛盾，迎合他人时还在担心别人不满意。也正是因为他们过于体贴他人，导致自己的内在反而没有被照顾到，心里其实很孤单。

迎合别人的人和"假单纯"的人不同，假单纯的人其实能感受到内心的混乱和复杂，只是采取了逃避的态度，希望透过将自己塑造成单纯的形象，换得人们的喜爱。但习惯于迎合别人的人，则是完完全全地忽视了自己。虽然梦境中的外在世界通常是热闹喧哗的，但他们的内在世界十分寂静荒凉。

这样大的反差的出现，通常源于他们成长的环境中常常需要看长辈的眼色，以至养成了察颜观色的习惯。而且一直以来，他们都因为"很贴心""很懂事"获得赞美，认为若不去迎合和体谅他人，就可能不被喜欢。于是，他们总是费尽心思地照顾别人，在享受赞美中也渐渐失去了对自我的关注。

梦境实例：豪宅变破屋

明文问了我一个困扰他许久的梦："在梦里，我在一个四处充满欢乐气氛的环境中，里面人来人往，我不停地与人打招呼，以笑脸迎人，别人也有礼貌地回应我。过了不久，我走进一座外观很亮丽的独栋房子，没想到一进入屋内，就发现居然家徒四壁，空无一物。这栋房子的内部年久失修，而且屋顶还有破洞，雨水不停地滴下来，我的内心不禁产生了一种凄凉的感觉。"

■分析

在明文的梦境中，能明显地感受到他的外在与内心是两个极端的世界。外在的他是乐观的，与人保持着和谐，但内心其实很孤单，缺乏照顾。几次咨询后才发现，明文生长在一个辛苦的家庭，他虽然不是最受倚重的长子，也不是最被娇纵的老幺，但生性敏感的他，最能够体察父母的辛苦，总是在父母开口之前，就感受到父母的需要，是个称职的小帮手。

自小，父母总是人前人后地夸他"好贴心"，明文自然而然也让自己朝家人期许的方向发展。长大后，明文不仅是老师口中乖巧的好学生，"爱照顾人"的个性也深受朋友的喜欢。长此以往，他的眼中永远只有别人的需要，但总是"跳过"自己，很少关照自己的内在。

什么人做什么样的梦
—— 梦的十大性格

👑 有阴影也能创造缺陷美

没有一种成长或教育环境，可以保证培育出完美的人格，不完美的人才是"常人"。人终其一生修炼的课题，不是让自己变得完美，而是要承认自己的不完美，只有这样才能从了解不完整的过程中，去心疼和接纳自己的不完美，进而塑造出较为完整健康的人格。

荣格曾提出，"暗影"（shadow）是人心灵结构的一部分，那是我们想要隐藏或否认的部分，是不为亲人和朋友所接受，甚至连自己都不愿意面对的生命黑暗面。但是，若人只有"光明面"，没有黑暗面，就会失去立体感和真实感。有伤害、有阴影，并能拥抱和接纳它，才能让生命重新被看见，描绘出一幅美丽的人生风景。

了解，才是爱的开头，不一定所有问题都要去"解决"。

一个出身于寒微家庭的孩子，童年时可能因为贫穷被人嘲笑，形成了自卑感。于是，他立志要"赚大钱"，认为"只要比笑他的人更有钱"就不会再自卑了。然而，自卑的心理没有抒发的出口，不敢去面对，仍然在心中根深蒂固、挥之不去，因此在追逐金钱的过程中也体会不到快乐。

其实，他们需要的不是"有钱"而是"有尊严"，需要有人理解和疼惜。大多数人都以"消去法"来处理困境，却误解了自己真正想要的东西。结果，追求了不正确的目标，使得困境没有得到解决，反复在梦中纠缠自己。

所以，梦境的珍贵，是能从其中的信息中探索自己的性格，并去了解自己有过什么样的遭遇才成就了这样的自己。好好照顾成长过程中可能留下的心灵阴影，才能让那份不完美不继续在生命中发酵，心里的阴影也不会持续扩大，即便有些伤害和烙印来不及弥补，也能成为一种"缺陷美"。

通过梦境传达的信息，我们可以探索自己的性格，了解自己有过什么样的遭遇才成就了这样的自己。

梦境让人有机会去了解自己心灵中的阴影。

这样也才能好好照顾成长过程中留下的心灵阴影，不让它持续扩大。

了解，才是关爱自己的开始。

什么人做什么样的梦
——梦的十大性格

梦 的 十 种

性 格 解 析

第五章

启动解梦的按钮
——DIY 解梦

　　本章教你解梦技巧 DIY 三步骤。要善于记录梦境并多加练习，才能更加了解梦的语言、象征和手法，获知梦境想要传达的真正含义。

要想了解梦境，首先要能够记住梦境的内容。很多人抱怨，整个晚上梦个不停，但是一起床，就犹如"春梦了无痕"，醒来后全部忘光光。其实，我们平均每天晚上都会做一个多小时的梦，健康人在睡眠中都会做梦，只不过梦不是理智下的产物，所以它呈现的方式与我们白天惯用的思考模式不同。梦境常会在不同的象征与场景之间没有逻辑地切换，跳脱了我们大脑逻辑记忆的正常轨道，所以不容易让人记住。

也正因为如此，记录梦境格外需要技巧，并且要反复练习。梦境都有其想要传达的含义，还由自己随机加设了几位密码，所以需要不断地练习，了解梦的语言、象征和手法，才能通过这样的记录，整理出"梦的逻辑"。一旦越来越清楚梦境所传达的含义，就能与最深处的自我更加地靠近，而越了解自我的潜意识，也就越了解梦境的手法，对梦的记忆也会更加清晰。

只要开始勤写"梦的日记"，就启动了自我解梦的关键按钮。

♛ 第一步　记录梦境

睡前先在床头预备好纸与笔，以便早上醒来时，趁着自己对梦的记忆还很温热的第一时间，就可以立刻记录，以免其他念头——窜入脑海，就会把梦境残留的记忆覆盖。

写梦的日记不是写作文，不必在意语言修饰和逻辑性，采用记流水账的方式就好。不必多加思索，只要把出现在脑海中最鲜明的梦境印象或片段逐条记下来，想到什么就记什么，也不必要求内容是否完整。

常有人告诉我，一起床时，大脑中对梦的印象似乎有一大堆恐怖的情节，但认真去想，只能记住其中"被坏人追"的那一段。其实，那就是了解梦的一个线索，而且我们只要将梦中还有记忆的部分记录下来，就可以了。

在学习解梦的初期阶段，对梦的记录还不够熟练，只要落实将梦中发生的所有事情记录下来即可，不必急着试图去分析梦，因为当你专注在分析某一细节时，可能其他尚未记录的梦境就突然都消失不见了，这样反而会弄巧成拙。

用笔记录，常常跟不上思绪的速度。拜现在的科技进步所赐，有一种更方便的记录梦的方式，那便是用录音笔或手机来录，即一醒来就把对梦的记忆"说"出来，由机器录下后，白天时再听一次录音，把梦的内容写下来。

启动解梦的按钮
——DIY 解梦

👑 第二步　与梦境对话，遇见梦中的自我

梦的日记写成后，要反复重读自己所记录的梦，并且将关键的字句和情节标示出来。

出现在梦中的物品、器具、人物、动物、环境等，发生的动作，如追、杀、打、牵手、拥抱等，都是特别需要标示出来的"关键词"。然后，试着让自己去默想，那些关键词让自己联想到了什么？如果联想到一些相关的意义，就将它们写下来。

接下来，要学着让自己与记录的梦境中出现的象征对话。仔细想想，对自己而言，那些梦里的象征有何意义？把自己能够解释和解读的象征，一一放回梦境的剧情中，重述一次，让自己再经历一次梦境中的感受。

运用本书前几个章节提到的梦的象征与解梦的原则，如空间、距离原则等，判断有哪些部分是自己的投射，哪些部分又是对周遭人物的投射，再一一地与这些梦中的象征对话，或想象自己化身在梦境中，饰演一下自己的部分。

举例来说，如果梦到和一个朋友对打、搏斗，依照距离原则，梦中越靠近自己的形象越代表自己内在特质的投射，这个梦里和朋友有肢体碰触，等于两人之间是零距离，所以，对打的那个朋友其实就是自己的一部分。

若梦里那个朋友的特质是一个完美主义者，那就试着回到梦境中，扮演那个完美主义的朋友和自己对打，感受一下当时的情绪，而且最好能把梦境的结局演出来，例如被朋友打败时的感受。这样一来，就可以更加了解自己做这个梦的缘由和意义。

许多梦境都可以重演并感受一下内心的情绪，如梦到钱包丢了时，最在乎的是钱包里的钱，还是证件（即价值还是身份）？一直跑得比别人快，但停下来时感觉到的是疲惫还是无奈？轻易摘到一堆水果，但都是自己不喜欢的；置身在美景中，但涌上心头的是无人可以分享的孤独感；被水淹没了，但是仍可以在水中自在呼吸。

对梦的感受，比梦的情节更重要。同样的情节，因为做梦者醒来时的感受不同，意义有可能完全相反。所以，解梦无法套用统一的公式，只有做梦的主人公有资格和能力去完整和精准地诠释自己梦的含义。

👑 第三步　近况的回顾与联结

对梦的内容和关键词产生联想后，可以再进一步和现实生活做联结。

了解了梦的象征，可以解开梦对自己的意义。如果能将现实中的事件和梦境挂上勾，就能理解自己为什么会做这个梦。

如果做了一个内容深刻、自我情绪连动强烈的梦，在解开梦中的含义后，让自己试着回想一下最近发生的事情，或是内心产生的一些不为人知的感受与想法，然后再将近况与梦境中的感受做对比。

通常，只要把梦境和现实比对上，就会有一种"啊哈，我懂了！"这种恍然大悟的痛快，而这正是解梦的目的所在。

所以，请你把纸笔或录音工具准备好，明早起床后，就展开"梦的日记"的第一篇。

接下来，我将提供一个梦的日记格式，可以作为记录时的参考。

启动解梦的按钮
——DIY 解梦

做梦日期：

梦境记录：（注：记录时，可在情节的重点下方画上横线，感到不解的象征也要标示出来。）

起床一刹那的感受（悲伤／孤单／快乐……）：

找出主题并给梦一个命名：

梦中的细节及出现的象征：		对我的意义及特质：
* 地点、空间 * 人物、东西、 　动物等	① ②	① ② （注：可以先将梦的记录完成后，再 回过头来思考和重新填写。）
其他信息 （如数字、颜色）		

为了让大家更了解如何记录梦境，接下来将列举几个在我咨询的过程中，收到过的最标准详尽的梦的日记。为保护当事人，个案都采用化名，仅供大家参考。

梦境实例一：小可的梦

■ **第一步　记录梦境（见 166 页）**

■ **第二步　与梦境对话、遇见梦中的自我**

小可梦醒后回想，自己所处的团体中，有哪一个是先进且富有理想的？结果，她想到，她在一家高科技公司工作，那正好是个时时需要更新知识的场所，正好与梦境相呼应。当她回想修车厂时，则联想到曾经任职的部门——人力资源部，那里所有关于人的问题，她都必须去面对和处理，简直就像一家修车厂一样，要面对许多待修的车子。

梦中还出现了父亲，在她心中，父亲具有努力和负责任的特质，自己虽然有父亲这种好的特质或行动力（开父亲的车子），但是实际上，那辆车子已经无法发动。这个梦让她感受到，自己面对当下的工作时，有种很深的无力感。

■ **第三步　近况的回顾与联结**

小可仔细回想最近在工作上发生的事情，突然感慨起来。原来她当初会选择到这家科技公司任职，是因为她认为科技公司才有发展前景，但是当她进入人力资源部后，才发现要处理的人的问题非常复杂，甚至令她挫败不已。长时间下来，连自己的行动力都被影响到要渐渐失去了。

启动解梦的按钮
——DIY 解梦

梦境实例一：小可的梦

做梦日期：2011 年 3 月 21 日

梦境记录：

梦分成三个段落，每一个都很简单。

第一段：我梦到自己坐在高速行驶的火车上，车上的设备新颖先进，要开往一个理想的地方。

第二段：接着梦境跳转到了修车厂，我面对许多有故障待修的车子。

第三段：后来的梦境是自己坐在父亲已经报废的车子上，根本无法前进。

起床一刹那的感受（悲伤／孤单／快乐……）：

一起床觉得有点儿失落。

找出主题并给梦一个命名：

有故障的车子

梦中的细节及出现的象征		对我的意义及特质
* 地点、空间 * 人物、东西、动物等	①高速行驶的火车 ②修车厂 ③父亲 ④报废的车子	①一个先进、有理想的团体 ②一个充满辛苦、困难的团体，没有行动力的人（修车厂里有故障的车子，而车子代表人的行动能力） ③努力、负责任 ④自己失去了行动力（坐在报废的车子中）
其他信息 （如数字、颜色）		

梦境实例二：欣宜的梦

■第一步　记录梦境（见 168 页）

■第二步　与梦境对话，遇见梦中的自我

黑白电视代表古老的记忆，由此欣宜联想到了童年时期大家都害怕严厉的爸爸。梦中的男孩儿大腿的肉被一刀一刀割下来的画面，让她联想到当年家中唯一的弟弟被高度期待的爸爸一次又一次地否定和处罚，弟弟因此变成了一个自我怀疑、自我放弃，甚至没有行动力的人。

说明：依据空间原则，梦里的场景在昏暗的室内，其实象征的是欣宜的内心世界。爸爸相当自我又严厉，其实也是她自己的一部分。

■第三步　近况的回顾与联结

欣宜认真地回想最近自己的状况，发现原来在上自我探索的课时，发觉自己的内在也有如同父亲一样严厉的特质，只是这种严厉是针对自己的。她生怕自己内在与爸爸有着相同自我和严厉的特质，会给自己和别人带来类似当年爸爸对弟弟造成的伤害。

启动解梦的按钮
——DIY 解梦

梦境实例二：欣宜的梦

做梦日期：2012 年 1 月 25 日	
梦境记录： 在昏暗的室内，我看到爸爸正在看电视。我仔细一看，原来是黑白电视。电视里面有一把刀子，而我居然进入电视里面的世界。接下来，我看到前面有一排女生和一个男孩儿立正站着。持刀者居然朝最左边那个男孩儿的大腿割下去，然后一刀一刀将腿上的肉割下来，最后只看到一只断掉的脚。	
起床一刹那的感受（悲伤／孤单／快乐……）： 一起床觉得有点儿悲伤与担心。	
找出主题并给梦一个命名： 残忍的伤害	

梦中的细节及出现的象征：		对我的意义及特质：
*地点、空间 *人物、东西、动物等	①昏暗的室内 ②爸爸 ③黑白电视 ④刀子 ⑤男孩儿 ⑥大腿 ⑦断掉的脚	①有点儿孤单、落寞 ②爸爸是一个自我又严厉的人 ③古老的 ④锐利、有杀伤力 ⑤背影像弟弟，单纯 ⑥行动力、支撑身体 ⑦失去行动力、残废
其他信息 （如数字、颜色）		

👑 长期观察梦境的变化

如果养成书写梦的日记的习惯，一夜一页、一笔一画，只要细心观察，可能会惊讶地发现自己成长过程中的潜意识风景，就好像超现实主义大师达利的"3D名画"（立体名画）《加拉凝望地中海》一般，近看是达利美丽的妻子卡拉的裸背，远看却是林肯的画像。

长期观察梦境的演变就会发现，个别梦境有单独投射的课题，长期演化则可能呈现出另外一种含义，显示人格成熟了、平静了，抑或紊乱了、迷失了，甚至生病了。梦是敏感度最高的检测仪，常常比理智提早几步觉察到自己或微妙或巨大的变化。

当我们开始懂得如何记录自己的梦境故事，就能渐渐地与梦中的象征对话。一旦逐一解开每夜的个别梦境与自己生活经验之间的关联，就可以进一步搜集到自己长期记录的梦境，观察和分析自己梦境情节的走向或改变，了解自我身心状况的特色、遭遇的困境以及改变的契机等。

👑 梦境呈现的警讯

以下整理出几个纵观梦境发现的剧烈变化，可能代表相关的警讯，来供读者参考。

❤ 不断重复出现特定主题的梦

如果某个情境长期在梦里出现，代表该项议题一直困扰着你，而你一直苦于没有对策去面对或解决。比如，一直梦见考试时不会作答，代表面对某一考验或挑战时，一直无法想出理想的解答。此时，除了要问自己最近一直面对的无解压力是何事以外，还要试着去了解"考试不会作答"之所以会一直被拿来当作象征，是否是因为当年考试的挫败给自己留下了极为痛苦、无法释怀的感受。如果可能的话，建议你找专业的人士谈谈过去的挫败感受，这也是自我照顾的一部分。

又例如，重复梦见杀死某人的梦，根据本书中所讲的"距离原则"，杀死的某人其实指他自己的某个特质，表示他想除掉某一部分自己都很讨厌的特质，并且想要用强迫的方式加以改变。通常在这种梦境中，会有不同的杀人方式与情节出现，但是没过不久，死去的人会再次活过来。

这种用强迫立志来改变自己性格的方式，不仅无法达到目的，还会有反效果出现——不是被自己杀死的人突然活过来吓到，就是杀死对方后内心有空洞的感受。照顾自己的方式是借由了解从小性格形成的历程，来接纳自己的不完美，只有这样，这个不受自己欢迎的部分，才会慢慢地从根本上得到改变或彻底被自己理解。

❤ 突然出现高反差的梦境

梦境的空间、感受，若呈现很剧烈的波动或极端的反差，比如总是由光鲜亮丽的场合一下子跳转到幽暗的空间，心情从开心欢乐瞬间转为郁闷难过。像这种反差剧烈的梦，代表双极性的情绪，显示出内在撞击的剧烈和混乱。

或者在同一个梦境里，不断地在矛盾的场景里来回转换，里面还充满了陌生的人物。这个梦境则显示出自己的内心开始变得混乱，越来越弄不懂自己的逻辑所在。

如果梦境中突然出现了这般复杂的转变，对照现实生活中，又兼有失眠、低潮、焦躁、恐惧等身心上的症状，这就很有可能是情感性精神疾病的征兆，最好及早求助精神科医师进行诊治。如果混乱和不安只呈现在梦境里，现实生活中的功能还能够维持正常运作的话，说明目前或许还只是情绪上的波动，并未发展到出现疾病的程度。如果自己无法排解，不妨去寻求心理咨询或协谈，让专业人士来助自己一臂之力。

♥ 做梦时出现暴力行为

　　梦里的情境可谓天马行空，可能有十分暴力、激烈的打斗和砍杀，为了不受限制地取材，梦境会提供各种潜意识投射的线索和暗示。

　　不过，人体有一个保护机制，当大脑进入做梦的快速眼动期时，除了维持呼吸以及眼球运动的肌肉外，身体其他部位的肌肉是不会运动的，形同瘫痪。之所以这样就是为了避免随着梦里的动作动武，伤害到自己或枕边人。

　　如果做梦时，突然出现"暴力行为"，即一边做着砍砍杀杀、拳打脚踢的梦，一边对自己或另一半上演"全武行"，那么这很可能是脑内神经退化或生病的警讯，而且这种情况常常发生在老年人身上。如果发现自己睡觉醒来后，身上常有不明原因的伤，或是枕边人发现你有这种不受控的肢体动作，就应该尽快去脑神经科进行诊断治疗。

梦 的 十 种

性 格 解 析

第六章

珍晴的十个梦

—— 实例示范，解梦与重生

　　梦是每一个人最独一无二、最珍稀宝贵的财富，是掌控身心样貌最重要的途径。本章通过珍晴的十个梦境，让你体验梦境解析的五个时期，即期待期、失落期、重整期、新生期和成熟期。

初次见到珍晴，三十五岁、已婚尚无子女的她，圆圆的脸庞上总不忘挤出一抹礼貌性的笑，短短的头发、大大咧咧的热心肠，还带着一点儿男子气概的爽朗。但是，从事心理咨询和临床解梦的多年经验告诉我，切不可从一个人的外在形象来判断他的内在风景。

事实上，珍晴一直在做噩梦。她是天生的"做梦高手"，她的梦境情节生动、角色多元，而且她极擅长"记梦"。当时，珍晴正在某个机构接受心理辅导的志愿者培训，原本想要助人打开心扉，却意外地成就了一趟由梦境走入自我真实内心的探索，从而开始了照顾自我之旅。

因为志愿者培训中有一门"自我觉察"的课程，要把自己送到过去，重新体验一次童年时期的经历，像这样，从了解自己开始，来学习如何帮助他人。然而，珍晴在返回过往的途中，频频"卡住"，仿佛被自己的心拒之门外，令她十分疲惫。

她隐隐地意识到，那股与自己对抗的力量和梦里奇怪惊恐的画面有所关联。她急着想从那团杂乱无章的梦境线头里，理出一个头绪，由此解开自己内心的症结。于是，在友人的引荐下，珍晴来找我协谈解梦。

或许是因为想帮助他人的决心，让珍晴异常认真地想去感受自己的梦境。又或许是因为困惑已到达顶点，想借此次志愿者的课程，下定决心对自己坦诚。在珍晴与我协谈的半年里，对梦的记录、解析和领悟，甚至之后对自我的照顾、人生的修正，都是我接触的个案中，最完整且圆满的一个。

每次我收到珍晴的"梦的日记"，都惊叹于她那一篇篇如同电影巨作般的梦境编排和铺陈，人物、场景、空间和感受巨细靡遗，也让我了解到，她有一颗极为敏感的心，而背后一定也有一段极其不平凡的成长经历。绝不是人前那样像个小太阳般的温暖、单纯，内心其实可能是幽暗密布的。

👑 巨浪的源头

珍晴的梦都很惊悚。从小到大，她总是被梦里反复出现的洪水巨浪、海啸暴雨席卷，一次比一次来得凶猛的恶水，夜夜将她冲往最深且巨大的黑洞里。

经过几次协谈，珍晴道出了一个又一个梦境，她感到好奇又恐惧。在逐一解开梦里狂乱、迷惘的含义时，她不知不觉地也在一层又一层地卸下心防。

她撕开那块紧紧用绷带包裹住的破碎心灵，伤口还淌着鲜血。这时，她才娓娓道出，自己是在对父亲的恐惧阴影下成长的小孩儿。父亲极度重男轻女，和母亲连生了五个女孩儿，最后才拼得一子，她是女孩儿中最小的，下面就是家中唯一的男孩儿——弟弟。

在男性至上的父权家庭中，相较于大姐、二姐的完全顺从，三姐的极端叛逆，珍晴心里有两种矛盾的性格在拉扯，一方面觉得自己是家中最"多余"的一员，一方面又要求自己"不能输给男生"，认为"自己可以和弟弟一样好"。

于是她刻意压抑住自己的女性特质，变得爱剪短发，习惯穿裤装，不知不觉中，让自己的外在变得很中性，潜意识里也想要讨好父亲。然而，她仍不断地被忽视、被伤害。父亲总是阴晴不定、难以讨好，无法预测的个性还总让人无法躲避，就像她梦境里那些反复出现、朝她而来的洪水巨浪，随时都会将她吞没。

在谈论的过程中，每每提起不堪的往事，珍晴心里埋藏的那个怯懦的小女孩儿就不时会从她的眼底冒出来，所有的恐惧与无助原封不动地显现在犹豫不定的眼神里，也不曾因为她年岁的增长而消逝。她没有忘记，也不曾超越。

当眼睛再也藏不住过往的伤痛时，泪水便夺眶而出。

有一回，她提到，父亲认为女孩儿不必念书，残忍地要她高中毕业就和姐姐们一样去半工半读。当时大姐偷偷帮她报考夜校，父亲知道后把她们姐妹痛骂了一顿，威胁说不会付学费。虽然最后还是负担了她的学费，但日后只要突然想起这件事，爸爸就会痛骂不止。已经三十多岁、为人妻的珍晴，就像是昨天才小学毕业的孩子，哭得又伤心又无助。

又有一次她提到，大学时，她不可避免地要为了自食其力而去半工半读。有一回日子实在过不下去，生活就要无以为继，当父亲知道她过得很苦时，不但不闻不问，甚至还故意秀出手上的新手表对她说："这是特价的时候买的，只要六千台币呢！"珍晴心痛地说："那句话真像一把刀刺进了我的心里，因为我每个月的生活费就是六千台币。"

♛ 阳光的背后

珍晴一生都想"逃离"，逃离没有温度的家庭，逃离专制冷漠的父亲，逃离自己心底布满的伤痕。

婚后，她极少回娘家，和父亲更鲜少互动，想要保持距离。尽管如此，每年大年初二不得不回娘家时，父亲一开口仍尽是数落，一点儿颜面也不给她留，在亲友面前细数她从前多么不懂事和愚蠢。

她曾有一个梦，梦里安排自己去新西兰，但不知怎么了，一直转机都到不了目的地，最后竟然在花莲降落。醒来后，她感叹道："唉，还不够远！"珍晴在梦里总是在逃，却怎么都逃不掉海啸掀起的大浪，甚至海底还会冒出恐怖的巨怪。

害怕冲突，害怕别人发怒，导致珍晴形成了处处"迎合"他人的性格。在原生家庭里不敢发声，与人相处时也强迫自己要"阳光""助人"，不要惹人生厌，所以她要求自己古道热肠，对人笑脸以对，像小太阳般聚热发光。可是，她自己却是白光底下的那抹阴影。由此来看，个性的"向阳性"其实来自于成长中缺乏温暖的照拂。

为了维持自己小宇宙的表面平和，珍晴在婚后和先生意见出现不合时，也只往心底吞，不敢说出自己真实的感受和心情，潜意识里惧怕与人"起冲突"而掀起风暴。长此以往，她渴望平静，却得不到平静。一方面珍晴心里觉得自己不受重视，另一方面又埋怨另一半不了解她，和先生的感情也渐生嫌隙。

珍晴的十个梦
——实例示范，解梦与重生

父亲，是许多女性处理男性问题时对照的原型。珍晴对于男性的困惑和处理模式都相同，即期待中又害怕受伤害。她埋怨自己的父亲时，还不忘提及："小时候，父亲跑船，会买洋娃娃给我，其实他还是很爱我的！"抱怨先生不贴心时，也不忘为先生开脱："他应该只是很爱面子！"不断被灌输女性的存在没有价值的珍晴，虽然深受其害，但也已经养成了依附男性为主的逻辑。

👑 梦中的对决

噩梦、美梦，就像光和影的竞逐，像月亮的盈和缺。一旦接纳了人生的晦暗面，光亮面便自然扩大。噩梦少了，美梦自然就来了。

珍晴慢慢将压抑的成长往事和盘托出，也慢慢接受了那个不完满的人生。从恐惧、逃避、压抑、面对、了解到接纳，也在她的梦境里完整记录了自我疗愈的历程。

已经走过的人生不能重来，但珍晴的思考在转型。她不再掩埋自己的恐惧，更不再害怕说出自己的恐惧。之后，她梦见自己在一个铁皮货柜屋里如厕，货柜屋被吊车吊起来，她如厕的样子便赤裸裸地呈现在公众面前，她觉得好丢脸。这个梦昭示着她选择和自己幽暗的过往对决，对于最不堪的一面，她不再小心翼翼地加以掩饰了。

海啸、鲨鱼依然会造访她的梦境，但珍晴慢慢学会在梦中"解放"，在噩梦里告诉自己，噬人的海啸、吃人的鲨鱼，只是"一场梦"。她不再一味地狂奔脱逃，反而安慰自己："来吧！来吧！我不会因此真的死去！"

渐渐地，珍晴心目中代表温柔化身的二姐也出现在她的梦里。由于梦里的人物都是自己某种特质的投射，二姐在珍晴的梦里现身，代表她心中压抑许久的"温柔"终于获得释放。她和自己抑郁不欢的人生和解了，也得救了！

　　我看着她的"梦的日记"，就像是一部扣人心弦的连续剧。那是她和自己人生奋斗的历程，她是自己最好的心理导师。我也相信，有一天，她若走向辅导他人的道路，一定也会是最称职的志愿者，因为她已经上了最扎实的一课。

　　在我们结束解梦咨询后的一天，我见到珍晴挽着先生，夫妻俩自然又亲昵地互动，珍晴时不时还会搂搂先生。珍晴终于解放了自己的柔情，生活的状态也变得更舒适。现在，她还是习惯于记录自己的梦，有时还会收到她的梦的日记。她梦里的信息越来越平静，再对照她人生的改变，真是为她开心。

👑 梦境解析的五个时期

以下整理出珍晴的十个梦，这十个梦完整地呈现了她人生各个阶段的心路历程以及对梦境由迷惘、探索到解析的过程。

❤ 期待期

在这个时期，珍晴只能记得自己紊乱的梦，但对于梦境与现实之间的联结毫无头绪，还只能依赖我从旁指引。

珍晴的梦境一

我的住家（不是现在我住的家）变得好大好大，尤其是客厅，不仅面积增大，装潢和摆设也让我很喜欢。客厅有很多扇窗户，把窗帘打开后，温暖的阳光照射进来，让人感觉很舒服。从纱门望出去，发现门外就是蔚蓝的海和醉人的沙滩。我心想，我不用再去大湖公园做运动了，在自家门口就可以好好地散步了。

然而，往另一头望去才发现，这偌大的家不止有自己和老公住，还有其他人。我们约占三分之二，另一家约占三分之一。奇怪的是，两家中间没有门，只有门坎相隔。我走到"另一家"的门口，望出去是我熟悉的海港码头，真是太棒了，有沙滩又有码头。梦醒以后，我很讶异，梦中的海水不像以前那样追着我跑，码头也停靠着许多船，海面也很平静，真的是很好的一个梦！

▲我的分析

这是珍晴接受志愿者培训不久后做的梦。过去的几年来，她一直从事专业助人的工作，因为疏于自我照顾而产生了倦怠感。在培训的课程中，密集的自我觉察与照顾，让珍晴发现另一部分的自己可以自由自在地开拓新的视野。

"梦中的海水不像以前那样追着我跑。之前的梦中，水位高到还差点儿没过我的头顶，我必须爬向高处才不会被淹死。现在的梦中出现的是美丽的浪花，而且是我'主动'去接近它。"珍晴还提到过去的梦境是如何恐怖，在压力大的时候，经常梦见被海浪淹没，她必须不断地逃跑。这个新做的梦象征着珍晴对于未来有了一个全新的期待。

▲我的引导

在这个阶段中，珍晴对梦境一知半解，无法掌握。梦境里或现实生活中的情绪感受之间的落差也很大。

经我协助，她了解到"梦中的房子"象征内在的自我，"一直追着自己跑的海水"象征过去的恐惧。我请她试着将梦境中出现的象征先了解一次，然后再重新把解释过的象征代入梦中，看看哪些部分与目前的生活有联结。我还提醒她，平常感受到各种压力出现的时候，不要逃开，而要用心去记录。

珍晴的十个梦
—— 实例示范，解梦与重生

珍晴的梦境二

我和好友小婷、小儒在海边聊天，小婷个性随性、自在、单纯又任性，小儒则任劳任怨、尽心尽力，而且自我要求高。

突然间，海水又像海啸一样席卷而来，我和其他人都跑到了岸上，小婷和小儒却被海浪卷了进去。我十分担心他们的安危，但小婷和小儒好像不为所动，竟然在海里玩了起来。我心想，真是白替他们担心了。小儒像海中生物一般自在地在大海中徜徉，小婷则从海水中爬了起来，不停地说："海水脏死了，好脏、好脏……"

▲ 我的分析

珍晴发现了两个部分的内在自我，一部分随性单纯，另一部分则任劳任怨、自我要求高。这两个部分显然遇到了压力，而且同时受到了恐吓，不过她不会像以前一样就此沉下去。不但如此，原本自我要求高、放松不下的部分（小儒），居然能在大海中徜徉，而随性的部分（小婷），也竟然能勇于表达出对环境不满的感受。因此，这个梦境说明珍晴开始认真地面对内在真实的自我。

▲我的引导

我与她聊了聊最近遇到的压力。原来，珍晴因为工作与培训同时进行，倍感压力，培训的各种作业要求、工作上的同事对因她去培训而要分担职务的抱怨同时出现。不过，可喜的是，经过几次协谈后，她已经能够将这些压力源找出并且记录下来，与她的督导或我进行讨论。

珍晴的梦境三

在海边，有一大群人、一小群人，还有我和二姐在聊天。这个海边不是沙岸，而是有浅浅海水的岩岸，非常漂亮。我和二姐背对着岩岸，正想转身走去玩水时，发现海水好像渐渐升高了。

我告诉二姐："海水等一下就会涨起来。"我们一边说话，一边远离海边，就在快走到山上避难时，我回头看到有两三层楼高的海啸。原本在岸上的一大群人和一小群人，因为来不及逃生，眼见就要被海啸吞噬。后来，我和二姐觉得，我们应该来不及逃到山上了，于是，我告诉二姐："等一下海啸来的时候，你就用手捏住鼻子，海啸一下子就会过去了。"

▲我的分析

对珍晴而言，二姐是温柔的，她也开始发觉自己的内在是有这个特质的。虽然压力大时，梦中仍会有海啸出现，但她已经能够学着去面对。

▲我的引导

这个梦的特别之处在于，梦中出现了珍晴的二姐。珍晴说，她心中的二姐是个很温柔的女人。我与她讨论到，其实二姐温柔的特质在她的身上也有，想一想这种柔和的特质何时较常出现呢？珍晴仔细思考后发现，这种特质在与老公相处的时候较常出现。

经过我的轻轻提点，珍晴立即意会到，这个梦境反映出她与先生相处上的压力。因为培训与工作的负担重，她忽略了老公的需要。虽然珍晴很享受培训时的成长与工作时的成就感，但在陪伴老公方面产生了压力。

❤ 失落期

在这个时期，珍晴尝试着自己去探索梦境可能的含义，然而相较于一开始重整内心世界时的期待和憧憬，越往内在挖掘，越会产生紊乱和矛盾，梦境也透露出许多焦虑的信息。

> **珍晴的梦境四**
>
> 我坐在小时候家里房间的床边，把自己的牙齿一颗颗拔下来，放在床上。但是牙齿一拔下来，马上就长出了新的小颗的牙齿。接着，我又把新长出来的小颗的牙齿也拔了下来。
>
> 让我害怕的是，我去照镜子时，发现我的脸好肿，眼睛竟然也变成了深蓝色的。我又着急又惊恐，因为一看镜子里的脸根本不是我自己的。我拼命看、认真看，才又看到自己原来的样子。

▲**珍晴开始学会自我觉察了**

可能相关的事件：面对和父亲、大姐沟通的问题，出现的无力和愤怒感。

▲**我的分析**

牙齿通常代表基本能力，自己拔牙是指否定自己过去旧有的能力。当长出了新牙，即有新的能力出现时，自己又将这些新长出来的能力拔除，再次否定了自己。接下来，发现镜子里的不是自己，连自我的形象也不认得了。因此，这个梦境反映出珍晴的心中充满了自我否定与随之而来的陌生感。

我先肯定了珍晴的进步，因为她已经开始尝试将梦境与现实做联结和分析。

然而，这个时期的梦境显现出她当下的心情很混乱，我以同理心去感受她心中的混乱，试着先稳定住她的情绪，然后再引导她去思考：现阶段有哪些旧有的信念与能力开始松动和改变，又有哪些新的能力滋生出来？

珍晴想了想说，自己独立自主有个性，不会造成别人的困扰及担心，还有不轻易表露情感的坚毅有了松动；而分享心情、请求别人的协助等新的特质渐渐萌生出来，但她不敢肯定这样的改变是否是好的。

在与她进一步的沟通后，我更加确认正在成长与改变中的她，只要一回到娘家，和过去不愉快的家人进行互动，马上就会将她打回那个恐惧小女孩儿的"原型"。我要珍晴诚实地将这种失落的经验整理完整，在培训的课程中勇于分享出来，以寻求其他学员的了解与接纳。

♥ 重整期

历经过度期待后的失落，引发一连串的混乱和无助后，珍晴对于一直
以来手足无措，只想逃离封闭的成长阴影，渐渐生出一股新的力量，有了
说服自己去面对的勇气。

珍晴的梦境五

星期六的清早醒来，回忆起前一夜的梦境，珍晴感到既紧张又
有趣！

我梦见自己在跑步，既像有人在追我，又像自己独自在跑步。
我跑过很多很多地方，在学校教室里和小朋友快乐地互动，在河堤
上和一群在海边散步、看夕阳的人打招呼，在厨房和一群人一起洗
碗盘，还跑到一个很像印度的田野，看到一群穿着印度服装的人在
"咖喱"草地上跳舞，我觉得好有趣，也想去试试。

后来，我跑到一片绿色的草原上停了下来，正在疑惑："这是
哪里？我想要回家。"突然间，我知道自己在做梦，而且还从容地
欣赏自己的梦境。梦里有一片青翠又宽广的草原，草原与几座高耸
的山相连，在其中一座山上，盖了很多房子和别墅，我心想："住
在那里真好！"

美好的感受才刚刚涌起，心中立刻又有一种紧张、害怕的感受
产生，我转头一看，山的另一边就是蔚蓝的海边，从山崖上看过去，
海边真美。我和一群人坐在海边，感觉很舒服。突然间，我听到一
个男人说："又来了……"我马上就知道，海水又要像以前一样涨高，
然后淹没我！我想转身逃走，又想从山崖上跳下去，但一想到要跳
下去的情景，就不由自主地害怕起来。

刹那间，海浪又回归平静，我从海滩上爬起来，看了看四周。我又回到清楚地知道自己在做梦的阶段，于是大胆地向海里游去。我看到了小海沟，但是等我游近了才发现不足以探险，于是我往更深的地方游去。我正在担心海里会有鲨鱼，结果马上就出现了一条鲨鱼。我好害怕，但提醒自己"在做梦"，脑中还浮现出可以用"七星拳"（我根本不知道什么是"七星拳"）对付鲨鱼。我把鲨鱼抓来揍了七下，还不停地说："看我七星拳的厉害……"（好好笑）最后，鲨鱼竟然变成了鲑鱼排！

梦里的我好开心啊，还想再继续游泳，看看还有什么。可是，我这样游根本到不了很深、很远的地方，我知道自己在做梦，既然是梦，应该不会受限吧？突然间，我发现自己竟然可以不用浮出海面，在海水里面就能自由呼吸。

▲珍晴的自我觉察

可能相关的事件：开始接受志愿者自我察觉的培训课程后，似乎已经能够面对早年的经验和成长过程中产生的阴影，心中涌起了一股快乐的感受。但是，真正开始志愿者的辅导工作后，一遇到压力，珍晴就感觉彷徨无助，以前那种不快感又会涌现，她这才知道自己似乎还没有完全做好准备。

▲我的分析

从这个梦可以看出，珍晴是个想象力很丰富的人，在梦中能够知道自己在做梦。"做梦"可以是一个象征，即不实在的、想象的。本来，珍晴

珍晴的十个梦
—— 实例示范，解梦与重生

还在想象自己活在有趣、平静、祥和的理想世界中，但突然意识到自己的不实际，想要回家（回到实际的自我）。此时，内在的恐惧经验在心中涌现（"又来了……"），紧接着，她又意识到："我马上就知道，海水又要像以前一样涨高，然后淹没我！"不过，与以往不同的是，她不会一直活在害怕中，她知道自己已经有能力面对自己的害怕与担心。

从这个梦境开始，预告了珍晴面对过去压力时有了一种全新的处理方式。即便还无法摆脱过去的困境，她也已经能在由压力而生的恐怖情境中学习如何自由"呼吸"。

▲我的引导

我让珍晴了解到，一个会担心或有着预期性失败性格的人，比较会做梦中梦。但是，性格是长久成长经验的累积，是没有办法用强迫的方式去改变的。承认自己的性格特质并依循成长轨迹去了解和接纳自己，内在担心的成分才会慢慢减少。

❤ 新生期

在我和珍晴的协谈和培训接近尾声的阶段，珍晴已经能够自己利用解梦方式，精确且完整地记录自己的梦，并且试图了解和照顾自己。我从引导、解析的角色渐渐交棒，可以单纯地退在一旁，变成一个"聆听者"。

珍晴的梦境六

在一片绿色的草原上，有一些水塘。我站在草原上，看到埋在地下的尸体，一具一具从地下钻出来。起初我很害怕，但是后来发现，这些尸体根本不是死人，他们的外形与身体和活人一样。后来，我看到由死复活的人还彼此相拥，显得很开心的样子。

突然间，我听到了狗的叫声，直觉认为就是我小时候最爱的狗"妮妮"。它知道我在这里，而且正在找我。我们和那些人一样拥抱在一起，我喜极而泣地说："妮妮，我好想你，我们终于在一起了！"但心里其实有种疑惑，因为妮妮跟我记忆里的样子不太一样。妮妮是毛色黑白相间的土狗，但梦里的妮妮长得像拉布拉多犬，不过在梦中我似乎很确信它就是妮妮。

之后，妮妮起身跑走，还示意要我跟着它。我见它在一个住宅区的前面停下，我走近后意识到前方的某一栋房子是我家人住的地方（但外观和我娘家不同）。我看到两个家人在里面，一个不确定是谁，另一个则是我的爸爸。梦里的爸爸变年轻了，模样也不太像他，但我很确定他就是我的爸爸。

▲珍晴的注解

☆**草原**：休闲、放松、自在、享受。

☆**尸体**：没有希望的、没救的、可怕的。

☆**妮妮**：热情的、可爱的、温暖的、活泼的、体贴的。

小学三年级的时候，我们家搬到乡下，这段时间，我没有朋友。"妮妮"来到我们家的第一个晚上，还很小的它，一直叫一直叫，我很不忍心，就陪它睡觉到天亮。从那时起，我觉得"妮妮"是我唯一的朋友。

"妮妮"是一只很聪明的狗，会陪我到学校的校门口，然后再自己走路回家。它也会在我放学后在路口等我，我们每天都会上演一场仿佛久别重逢的戏码。

有一天，"妮妮"没在路口等我回家。一问才知道，爸爸竟然把它"放生"了。我找了三天都没找到，当时气得想去厨房拿菜刀杀爸爸，我也向上帝祷告，台风天来了，把爸爸工作的船卷走吧！

从小学到高中，我不断地梦见妮妮回来找我，我好高兴、好高兴，可是它却转头不理我，好像在怪我似的。

☆**狗的种类**：土狗和拉布拉多犬都是我喜欢的品种。

☆**娘家**：（现实）受限的、辛苦的，也有好笑的和温暖的回忆。

（梦中）小巧的、舒适的、够用的。

☆**爸爸**：（现实）自我的、固执的、多变的。

（梦中）年轻的、客气的、帅气的、和蔼可亲的。

▲珍晴的自我觉察

梦中出现了一片平静的草原，或许是当时培训的最后，眼见许多同学，也包括我自己，内在都有一些被了解与改变的部分。那种感觉就像是和自己过往绝望而难过的部分重逢，就像死人复活一样吧？所以，梦境中才会有尸体变成活人的画面出现。

被自己最喜欢的小狗妮妮带到一个新的家，可能象征着培训过程中与同学互动的改变。以前的我比较小心翼翼，为了维持彼此的关系，会有些自我压抑，还处处做出让步。现在的我不喜欢什么都会适时地表达，还会用开玩笑的方式据理力争。有时，我也会对同学说出对他们生命议题的看法，但是如果同学不接受我的看法或意见也没有关系，因为这就是他们当下的状况。

我的内在世界有了一些突破和改变，对别人也有了不一样的看法，甚至对自己内在较负向的特质，如自私、固执等的接纳度和包容力也提升了。一开始感受到自己有这些不好的特质时，会觉得很难受，想和以前一样把它们压制下去，拒绝接受。后来，学会回顾以前的失落并照顾自我，感受到害怕后又温暖和接纳自我，让我在面对他人出现某些令我讨厌的特质时，有了与以往不同的包容，就如同我对自己一样。

▲我的分析

珍晴对梦的自我解析已经非常接近她内在自我的现况。对于妮妮的回来，其实象征着长期失去的特质——与妮妮一样热情、可爱、温暖、活泼、体贴，终于回来了。

这种特质的恢复，让珍晴的自我认同也跟着改变——外在从过去的娘家（受限的、辛苦的，也有好笑的和温暖的回忆），换成了新的家（小巧的、舒适的、够用的）；而里面如同爸爸的特质（自我的、固执的、多变的），也改变成年轻的、客气的、帅气的、和蔼可亲的。

▲我的引导

在这个阶段，我除了肯定珍晴对自己梦的了解，也会邀请她多谈一些她了解梦的过程，请她再深入一点儿表达了解自己梦境后的感受。结果，我发现她已经能够再次述说自己的梦境与心境，这个进展让我感到十分欣慰，这显示出珍晴已经开始在照顾自己的内在。

珍晴的梦境七

星期三的早上醒来，我想起了一个梦，这让我更加体会到自己之所以喜欢做梦、喜欢解梦的原因，并非想掌控自己，而是想要认识更加真实的自我。

我梦见自己在原生家庭的餐厅里，旁边摆着两个鞋柜。一个是我现在台北住家的鞋柜，一个是以前住在原生家庭时用的鞋柜。

我打开原生家庭的鞋柜，看到我还有好几双既熟悉又陌生的鞋子在里面。我把鞋子拿出来比对、试穿后，拿走其中的两双鞋子，准备带回台北放进鞋柜里收好。

不知怎么搞的，我从鞋柜里又翻出来像是床单的东西，但是它的材质是透明的塑料。我打开来看，发现里面好脏，我心想，待会儿要洗一洗。

没过多久，我忽然看到有一具尸体躺在里面，头露了出来，我定睛一看才知那是我大姐。梦中的我就用透明的床单把大姐的尸体包起来，好像要把它拿去丢掉。突然间，大姐的尸体好像就这样不见了，只剩下一颗闭着眼睛的头而已，之后我把头放在一把椅子上。

当时，我感到有点儿害怕，心想等一下要打电话叫大姐把她的头带回去。

▲**珍晴的注解**

☆**鞋柜、鞋子**：自己喜欢的东西，有点儿臭臭的，又有点儿幸福；多样的、可搭配的、漂亮的、需要整理的。

珍晴的十个梦
——实例示范，解梦与重生

☆**塑料的透明床单、尸体**：对我而言，是要"处理掉"的事情。

☆**大姐的头**：我还不理解是什么意思。

▲我的分析

鞋子通常指行事的风格或方式。珍晴从原生家庭的几双既熟悉又陌生的鞋子中挑出两双，意指她从过往的行事风格中找出两种自己喜欢的回到目前的职场上使用。

梦里大姐的尸体消失了，显示大姐的辛苦及任劳任怨的苦情形象已经不见了。"头"一般代表思考和理智，只剩下一颗闭着眼睛的头，也就是在说，大姐"凡事都是我要负责"和"悲观"的思考模式还存在于珍晴的内心中，珍晴想要快一点儿将这种思考模式除掉。

▲我的引导

我请珍晴多谈一谈大姐的辛苦，也让她试着闭上眼睛将自己的辛苦与大姐的辛苦联结。我听了她的讲述后告诉她，就像性格与特质无法强迫自我进行改变，辛苦的经验也无法以改变思想的方式就能一笔勾销。

其实，这种伤痛的过往和成长的阴影，唯有被人接纳，才能自我疗愈。所以，我请她尽量多与我分享一些她过往的辛苦经验。经过多次协谈后，我与她建立起了互信，珍晴也娓娓向我道来她过往的伤痛和阴影。我让自己扮演了"心灵捕手"的角色，静静在一旁"接住"她的心酸。珍晴感受到自己终于被人了解和接纳了，也逐渐对自己过往的辛苦释怀。

珍晴的梦境八

画面一：

我在一辆公交车上，这辆公交车行驶到我高中的学校，车子在教室外的走廊上行驶，学校里竟然还有公交车专用的电梯。当公交车行驶到建筑外墙间的一小条空间内时，我担心公交车会掉下去，但是公交车一直行驶得很平稳，最后还要折返转弯。我心里虽然担心，却萌生出一股信任，即使在转弯的时候，身体已经悬在半空中，内心仍然觉得很安全。

画面二：

公交车停下了，我发现自己站在一栋建筑物的外墙边。我走进建筑物内，发现内部空间很大，但是正在施工中，有几名工人站在这一层楼。另外，我还看到一间玻璃屋，里面有一群小朋友，还有一到两位老师。

画面三：

我在找出去的门时看到一扇门，发现那儿好像通往地下室。虽然是地下室，但有黄色的灯照着，我看到一块漏斗状的巨大钢铁插进地下，看起来好像钉得很深，而且有两名工人在这个地方讨论施工情况。

画面四：

我往回走，心想往外出去的门应该还在别处。我看了两三次，才找到另外一扇门，但看起来不像出口，走近一看才知道是个出口。我走进去以后，视野变得很开阔，豁然发现这里是个游乐园。这个景象让梦中的我想起，我很久很久以前好像曾经做过这样的梦。

画面五：

在我的右前方，一个像海浪区里的游乐设施特别引起了我的注意。它可以从一个洞口处走进去，再从另一个喷水的地方滑下来，下面的水域有很多人在玩水，但这个区域的海浪不是后浪拍前浪的那种，而是忽高忽低的感觉，好像很好玩。有一个人站在我旁边问我要不要一起玩，我看一看自己才发现我只穿着睡衣，没有衣服换，就回绝了他。即使如此，因为站在游戏区旁，衣服也淋湿了不少，我得回家换一下衣服。

▲珍晴的注解

画面一

☆**公交车**：公共交通工具，便利、安全、拥挤。

☆**高中**：辛苦、忧大于喜，有很多辛酸的回忆。

☆**电梯**：不费力、快速、省时。

画面二

☆**施工、工人**：修复、技术、期待、费力。

☆**玻璃屋**：安全、明亮、被保护。

☆**老师**：教导、安全、照顾。

☆**小朋友**：活泼、无知、天真、可爱、快乐。

画面三

☆**地下室**：黑暗、不可预知、深层的。

☆**巨大钢铁**：觉得好像是建筑物的地基，刚硬。

画面四

☆游乐园：好玩、休闲、快乐、满足。

画面五

☆海浪区：刺激、新奇、有点儿危险、好奇。

☆睡衣：放松、隐私、自由、不受约束 。

▲珍晴的自我觉察

画面一：开往高中的公交车

没有什么头绪……

画面二：施工中的玻璃屋

我的内在确实有很多地方需要被修复。让我疑惑的是在同一处工地，居然会隔着一间玻璃屋。虽然隔着，玻璃屋内的人和外面的人都可以清楚地看到彼此。而且，玻璃屋还可以阻隔施工时的灰尘，保护老师和小朋友。待这处工地被修整后，这些老师和小朋友将会有一个更大、更好的场所可以使用。

或许，我正在被医治中，我期待有一个更美好的内心世界。

画面三：巨大钢铁附近的地下室

那块巨大钢铁的所在之处，其实不是最深的地方，但它是稳固的地基要件。这个地基让我想到我对自己的价值认同感。以前，我觉得自己要有能力，所以拼命不断地学东西。而且，要求自己一定要达到什么目标才行，如果失败，就会觉得自己没有价值。

珍晴的十个梦
—— 实例示范、解梦与重生

那两名工人让我感觉很放心，他们似乎知道该如何把这个地基打牢，就如同我现在不以"能力、成就"来评价我自己。而且在外人看来，我一定会是一个超级有价值的人。

画面四、画面五：游乐园

我的内在有一股自由的力量。我渴望自由、我喜欢快乐。不过，我心里还有另一种想法，认为自由如果太过头，也会有危险，因为太自由会导致走向极端的自我，以至不会有神，也不会有别人的存在。不知道我这样的想法是否太过偏激了呢？

回顾培训半年多来的日子，好像做了一场梦。自己肯定了自己的努力，也通过各种各样的人、事、物，好像"一下子"就把我改变了。其实，我还不知道其中的原理，只是知道大概就是"面对→接纳→改变"的过程。课程也即将进入尾声了，但是我人生的自我照顾课程却是一辈子的修行。

▲我的分析

第一个画面其实象征着珍晴在回顾过往的辛苦。公交车代表一个团体或小组，换言之，她是在团体培训课程中回顾过往的辛苦（高中：辛苦、忧大于喜，有很多辛酸的回忆）。

重点在于，在这样的团体课程中的回顾虽然令她担心，但因为信任关系建立得相当稳固，所以珍晴"心里萌生出一股信任，即使在转弯的时候，身体已经悬在半空中，内心仍然觉得很安全"。除了第一个画面之外，在其他的画面中，珍晴大部分都能了解梦与自己经验的联结。

在这个阶段的珍晴已经对梦的记录与了解具备了一定的能力。

我先听听她自己对梦的了解，再从其中解开她的疑惑点。在这个梦中，她只对第一个画面的解读不太顺畅，于是我帮珍晴厘清脉络，告诉她"公交车"代表一个团体，而这个团体在陪伴她一同回顾过去。

珍晴马上就能联想到，梦里的那辆"公交车"是她所在的正在接受培训的团体，因为做梦前不久，她才在团体中分享了自己过去在高中时期的辛苦。

珍晴的梦境九

画面一：

有一个美丽的女孩儿正在睡觉，我看着她的脸觉得很熟悉，好像在哪里看过。女孩儿虽然化了妆，但看得出来她皮肤很好，五官也真是很漂亮，美得像女明星，我甚至可以闻到她身上的香味，真的很好闻。

画面二：

我手上有一支水彩笔，从美丽女孩儿的脸上蘸上颜料，画到另外一个也正在睡觉的女孩儿脸上，我在这两个女孩儿的中间。我在右边女孩儿的额头上写上数字 36，在耳朵上也写上了数字 36，又蘸了黄色的颜料在她的胸前写上了数字 720。

画面三：

我继续从左边女孩儿的脸上蘸颜料，当我准备把 720 上色时，下面突然多了几个汉字，我看不太清楚是什么字，只看到"愿……"，接着我准备为"愿"字的上半边"原"上色。

画面四：

突然间，不知什么时候，汉字的下面出现了一幅图画。我仔细看，画中有山崖，有草地，还有一个很像牧羊人的人，我直觉认为画中的牧羊人就是耶稣。梦里的我心想这幅图是我画的吗？但是，这幅画给我的感觉好温暖、好温暖，觉得把这幅画放在我的包包外面一定很棒。

▲珍晴的注解

☆美丽的女孩儿：是我对自己的概念，我知道我的内在（或许也有外在）都有很美的地方。

☆水彩笔：休闲的、快速的、用于记录的、欣赏的、调合的。只有在很闲、很有感触的时候，我才会想画水彩画，水彩画给我的感觉为可以"满足"整幅图，没有空缺。

☆脸：我认为脸是一个人身上最大的象征，喜怒哀乐都可以表现在脸上，表示我想记录自己的生命故事。

☆额头：思考。

☆耳朵：倾听。

☆胸前：心的感受。

☆ 36、720：36 指我现在的年纪，而 $36 + 36 = 72$，$72 \times 10 = 720$，指我的内心真的有很多感受，有满满的感受。

☆汉字：还是想不出来"愿"字后面的内容是什么。如果让我选择，我想说"愿你们平安"。而"愿"字给我的感觉是，有一种期待、一种盼望，因为还没有实现，所以衷心地期待着。

☆**画**：主耶稣的爱满满在我的心里。画中的草地（平静）和牧羊人（引导）都带给我很大的温暖；那个山崖则指我生命中的困难和苦难。然而，图中的牧羊人是那么坚定地、充满信心地朝着山崖走去，并不害怕。

我的内心过去那么害怕苦难，甚至拒绝去接受苦难，但有主耶稣与我同行（注：珍晴是基督教徒），就会想起主耶稣曾说，有信心的人能够叫山移动！

☆**包包**：包包用来放我需要用的东西、喜欢用的东西，还起到搭配衣服的作用，还是可以让别人欣赏，使别人得到益处的见证。我喜欢与别人分享我所拥有的，尤其是来自上帝的恩典和恩赐，那让我感到心满意足！

▲**我的分析**

这个阶段的珍晴已经对自己有了相当的了解，对自己的梦也更加熟悉了。各种不同的象征陆续出现在她的梦中，包括数字、汉字、色彩等，我也为她的成长喝彩。

▲**我的引导**

这个梦让我惊讶地发现珍晴取得了巨大的进步，在梦中她开始产生不同的形象，显示出自我了解的能力已经大为进步。我大部分的时间都在一旁倾听她对梦与自己的解读，我知道，走到这个阶段的她，已经无须太多的指引，因为她逐渐能够解析自己的梦境，从而掌控自己人生的方向。

♥ 成熟期

结束梦的协谈后，珍晴还是不定期地会将自己的梦境与自我了解寄给我，与我分享讨论。我发现她渐渐成长，更会照顾自己，对于梦的记录的格式、解析、联想以及自省，都达到了专业又细腻的程度。

以下是珍晴的第十个梦，我已经不需要给她任何建议，甚至只要享受和欣赏，并默默地为她鼓掌。

珍晴的梦境十

在梦境中，我接到一通电话，有人告诉我，好友阿乐兄死了。梦里的我很讶异，也很惋惜。

梦境跳转到另一个场景中，我的好友元佑骑着摩托车，载我一起去坐火车。元佑正要把车停好时，突然说，他忘了带一样东西，要回家去拿。我们约定好，我先去坐火车，之后我们直接在火车上碰面。如果元佑来不及上车，也没有关系。

但是令我纳闷儿的是，原本骑摩托车来的元佑，却一路小跑地回家拿东西。突然间，摩托车变成了一辆自行车，我把自行车停放好，用锁把它锁好，准备去坐火车。

我上了火车后，知道元佑没能赶上。我看了一下，火车上有几个空位，但我不太想去坐，想和其他人一样看外面的风景。外面有山，也有河流，山形很正常，但河流的样子很像被固定住的"河柱"。突然间，外面下起了雨，我这才发现，火车有几扇窗户是开着的，外面的雨会飘进来。雨淋湿了一排座位，我也会被雨水淋到……

▲珍晴的注解

☆**阿乐兄**：自我为中心、聪明、骄傲，心很刚硬，很有生意头脑。

☆**元佑**：自我为中心、骄傲、聪明。

☆**自行车**：靠自己、累人、脚踏实地。

☆**摩托车**：动力、方便。

☆**火车**：快速、准时、便利、多人。

☆**山**：高耸、向往、自由、释放。

☆**河**：轻凉、流动、舒服，梦里的河感觉被固定住了。

☆**雨**：凉快、可供给的、恼人的，"被淋得湿漉漉的不舒服"。

▲珍晴的自我觉察

梦中出现了阿乐兄和元佑的组合，我自己觉得很妙，因为阿乐兄是我中年朋友中数一数二极为自我的人，元佑则是年轻人中极为自我的代表。我察觉到，心里那个刚硬的自我似乎慢慢地消失了。在生活掌控的方面，现在的我确实和以前存在很大的不同，已经慢慢地交出了生活中对自己和他人的掌控权。

自行车、摩托车和火车又是另外一个组合。梦中的阿乐兄死了，而在真实的生活中，阿乐兄以奔驰汽车代步。元佑骑着摩托车载我去火车站，后来，我把自行车停放好、上好锁，就去坐火车。火车的运行时间都是事先计划好的，有一种规律感，在梦中，我放弃了自行车和摩托车去坐火车。对照当下的我，因为生活有了宗教的指引，我也有了时间观念和规律的作息。

另外，山、河、雨也是一个组合，这三个大自然的现象，给我的"感

珍晴的十个梦
——实例示范，解梦与重生

觉"都是我所向往和令我感觉舒服的。但是，以"现实面"来看，在山里面走路有可能会迷路，在河里面玩水可能会溺水，在雨中漫步虽然舒服但总觉得湿漉漉的，而且梦里的雨还是从火车外面淋到火车里面的。

最近感受到一些负面的情绪，应该与解梦的老师过去曾提醒我的"自我否定伤害"的经历有关：

1.快乐出游时，脑中会浮现出"等一下可能会出车祸"的想法和恐惧感？

2.享受丰富的金钱供给时，脑中会产生金钱损失方面的担忧？

我很无奈自己不能好好地享受生活中的快乐，而我其实一直都在期待自己可以快乐地生活。我内在的心理程序通常为"快乐之后必有忧愁"，我也惊讶地发现自己除了会压抑内心的负面情绪外，正向的情绪几乎无法单纯地释放。

我想起以前在原生家庭中生活时，无形中总被限定，我既不能太过表露自己的负面情绪，也不能表现得太快乐，因为我还要为其他受苦的家人着想。那个被框住情绪的小珍晴，现在还不知道自己已经可以不用再这样子生活了，难道不是吗？

另外，以火车和山、河、雨三者之间的距离来看，山离火车最远，之后是被固定住的河，而最近的是淋在我身上的雨水。或许这三者对我来说，是精神生活的追求表征，因为梦里的我主动地"向外看风景"，这显示出我期待我的生活是自由和释放的。

山、河、雨这三者的代表也可能是我在人际关系上互动的象征，有时候我很享受，感觉很自在，但有时候因为心理上的问题，觉得自己"受困"了。还有一些时候，会因为内在的防护不够（火车上有几扇窗户是开着的），所以被雨水淋到身体。

▲珍晴的自我引导

做这个梦的那天晚上，我刚和老公因为"发型和穿着"的问题引发了争执。

一年前，我把长发剪短了，身边的大部分人都不太习惯，他们都觉得我留长发比较好看。可是，那些人自己也留长发，他们一定是想把自己的审美观强加在我身上，我怎么可能接受呢？还有人觉得，女性就"应该"留长发，这个说法，我觉得更不合理。

就这样，我的短发造型维持了一年多，慢慢地，再没有人说我什么了。我心里暗自开心："我赢了！"这个自我追求／实现的议题和过去我与原生家庭成员之间的互动极为相似。

最近，因为变胖了，之前的衣服穿上有点儿紧。有一两位朋友推荐我穿塑身内裤，但我认为："胖就胖了啊，干吗要穿塑身内裤呢？"他们还企图把自己的标准强加给我，我很不喜欢这种"被控制"的感觉，就像梦里的我没能预料到雨水竟然从窗户外面淋到了座位和我的身上。

不喜欢被控制，可能源自我的原生家庭都希望我和他们一样。可是，我就是和大家不一样，而且大家也和我不一样啊！虽然我也会介意自己变胖、身材走样，但是，我是因为得了多囊性卵巢综合征导致身体新陈代谢不佳，体重才会增加，这也不是我愿意看到的结果。另外，那条被困住的河象征了我的感觉（自己被困住），而被雨水淋湿的讨厌感（被人批判）也是我目前心里最深刻的感受。

珍晴的十个梦
——实例示范，解梦与重生

由这个争执引发的梦境，让我体会到做自己是不容易的事，也是一辈子要学习的功课，更是要为之付出代价的事。不过，并不是自己不需要改变，我只是不能接受别人的主观和无视我立场的这类不合理的要求。

▲珍晴的深思和行动

☆继续学习接纳自我：因为自己对自己的接纳立场如果是稳定的、明确的，即使别人要强加意见于我，对我提要求，使我感觉到"被控制"，我想这种情况也还是会慢慢减少的（就如同留短发给我的成功经验）。不过，我还是要开始重新学习照顾自我的功课。

☆接受老公爱的提醒：烫头发和染发可能会对身体造成伤害（"考虑以后慢慢减少次数"）。

☆吃中药调理经期的规律（进行中）。

☆找时间运动（进行中）。

♛ 了解梦的目的——更有效地陪伴自己

梦，是每一个人最独一无二、最珍稀宝贵的财富，是掌控身心样貌最重要的途径。千万不要把自己和他人的梦当成笑话或儿戏，即使内容十分荒谬可笑，也千万不要把积非成是、三人成虎的传说，随意套入对自己或他人梦境的解释，以免错误理解了心灵发出的重要信息。

这本书提供了一个理解梦的独有性和私密性的通道，希望大家经由梦的这条路径梳理出自己性格的形态、特质，看到最真实、最赤裸的自己。

人生最喜乐的境界，便是能够自我接纳——接受自己光亮的、幽暗的、开心的、隐晦的，包含了一切好的和恶的部分，若如此才算得上真的疼惜和珍爱自己。能够爱自己，也才能真心地接纳别人。记录梦境最重要的目的，就是可以更有效地陪伴自己。

然而，面对长期隐隐作痛的宿疾或突如其来的波涛巨浪，确实并非人人可以承受或有能力修复。了解，也不代表知道该如何去面对。适时地寻求心理协谈和咨询，梦的记录会因此成为很精确的"健康体检报告"，让专业人员能够快速准确地找到自己的纠结和矛盾所在，以便对症下药，帮助自己从重重迷雾中找出一条安身立命的路。

珍晴的十个梦
——实例示范，解梦与重生

梦 的 十 种
性 格 解 析

开启你的

梦境记录之旅

>>>>>>

做梦日期：

梦境记录：（注：记录时，可在情节的重点下方画上横线，感到不解的象征也要标示出来。）

起床一刹那的感受（悲伤／孤单／快乐……）：

找出主题并给梦一个命名：

梦中的细节及出现的象征：		对我的意义及特质：
* 地点、空间	①	①
* 人物、东西、动物等	②	②
		（注：可以先将梦的记录完成后，再回过头来思考和重新填写。）
其他信息 （如数字、颜色）		

© 209

做梦日期：

梦境记录：（注：记录时，可在情节的重点下方画上横线，感到不解的象征也要标示出来。）

起床一刹那的感受（悲伤／孤单／快乐……）：

找出主题并给梦一个命名：

梦中的细节及出现的象征：		对我的意义及特质：
＊地点、空间 ＊人物、东西、 　动物等	① ②	① ② （注：可以先将梦的记录完成后，再回过头来思考和重新填写。）
其他信息 （如数字、颜色）		

做梦日期：

梦境记录：（注：记录时，可在情节的重点下方画上横线，感到不解的象征也要标示出来。）

起床一刹那的感受（悲伤／孤单／快乐……）：

找出主题并给梦一个命名：

梦中的细节及出现的象征：		对我的意义及特质：
* 地点、空间 * 人物、东西、 动物等	① ②	① ② （注：可以先将梦的记录完成后，再回过头来思考和重新填写。）
其他信息 （如数字、颜色）		

做梦日期：

梦境记录：（注：记录时，可在情节的重点下方画上横线，感到不解的象征也要标示出来。）

起床一刹那的感受（悲伤／孤单／快乐……）：

找出主题并给梦一个命名：

梦中的细节及出现的象征：		对我的意义及特质：
* 地点、空间 * 人物、东西、 动物等	① ②	① ② （注：可以先将梦的记录完成后，再回过头来思考和重新填写。）
其他信息 （如数字、颜色）		

做梦日期：

梦境记录：(注：记录时，可在情节的重点下方画上横线，感到不解的象征也要标示出来。)

起床一刹那的感受 (悲伤／孤单／快乐……)：

找出主题并给梦一个命名：

梦中的细节及出现的象征：		对我的意义及特质：
* 地点、空间 * 人物、东西、动物等	① ②	① ② （注：可以先将梦的记录完成后，再回过头来思考和重新填写。）
其他信息 （如数字、颜色）		

做梦日期：

梦境记录：（注：记录时，可在情节的重点下方画上横线，感到不解的象征也要标示出来。）

起床一刹那的感受（悲伤／孤单／快乐……）：

找出主题并给梦一个命名：

梦中的细节及出现的象征：		对我的意义及特质：
* 地点、空间	①	①
* 人物、东西、 　动物等	②	②
		（注：可以先将梦的记录完成后，再 回过头来思考和重新填写。）
其他信息 （如数字、颜色）		

做梦日期：	
梦境记录：（注：记录时，可在情节的重点下方画上横线，感到不解的象征也要标示出来。）	
起床一刹那的感受（悲伤／孤单／快乐……）：	
找出主题并给梦一个命名：	

梦中的细节及出现的象征：		对我的意义及特质：
* 地点、空间 * 人物、东西、 动物等	① ②	① ② （注：可以先将梦的记录完成后，再回过头来思考和重新填写。）
其他信息 （如数字、颜色）		

做梦日期：

梦境记录：（注：记录时，可在情节的重点下方画上横线，感到不解的象征也要标示出来。）

起床一刹那的感受（悲伤／孤单／快乐……）：

找出主题并给梦一个命名：

梦中的细节及出现的象征：		对我的意义及特质：
* 地点、空间 * 人物、东西、动物等	① ②	① ② （注：可以先将梦的记录完成后，再回过头来思考和重新填写。）
其他信息 （如数字、颜色）		

做梦日期：

梦境记录：（注：记录时，可在情节的重点下方画上横线，感到不解的象征也要标示出来。）

起床一刹那的感受（悲伤／孤单／快乐……）：

找出主题并给梦一个命名：

梦中的细节及出现的象征：		对我的意义及特质：
* 地点、空间 * 人物、东西、 　动物等	① ②	① ② （注：可以先将梦的记录完成后，再回过头来思考和重新填写。）
其他信息 （如数字、颜色）		

做梦日期：

梦境记录：（注：记录时，可在情节的重点下方画上横线，感到不解的象征也要标示出来。）

起床一刹那的感受（悲伤／孤单／快乐……）：

找出主题并给梦一个命名：

梦中的细节及出现的象征：		对我的意义及特质：
* 地点、空间 * 人物、东西、 动物等	① ②	① ② （注：可以先将梦的记录完成后，再回过头来思考和重新填写。）
其他信息 （如数字、颜色）		

做梦日期：

梦境记录：（注：记录时，可在情节的重点下方画上横线，感到不解的象征也要标示出来。）

起床一刹那的感受（悲伤／孤单／快乐……）：

找出主题并给梦一个命名：

梦中的细节及出现的象征：		对我的意义及特质：
* 地点、空间 * 人物、东西、 　动物等	① ②	① ② （注：可以先将梦的记录完成后，再 回过头来思考和重新填写。）
其他信息 （如数字、颜色）		

做梦日期：	
梦境记录：（注：记录时，可在情节的重点下方画上横线，感到不解的象征也要标示出来。）	
起床一刹那的感受（悲伤／孤单／快乐……）：	
找出主题并给梦一个命名：	

梦中的细节及出现的象征：		对我的意义及特质：
* 地点、空间 * 人物、东西、 　动物等	① ②	① ② （注：可以先将梦的记录完成后，再回过头来思考和重新填写。）
其他信息 （如数字、颜色）		